不可能《ふかのう》とは、可能性《かのうせい》だ

パラリンピック金メダリスト新田佳浩《にったよしひろ》の挑戦《ちょうせん》

笹井恵里子／著

➡新田《にった》佳浩《よしひろ》選手が生まれ育った西粟倉《にしあわくら》駅近くで。清らかな川では、よく村の子どもたちが遊んでいる。右は小学校卒業式に母親の多恵子《たえこ》さんと。

⬆共働きの両親に代わって、祖父《そふ》母《ぼ》に育てられた新田《にった》選手。祖父《そふ》は目に入れても痛《いた》くないほど新田《にった》選手をかわいがった。➡中学生時代、転機となる「全国中学校スキー大会」の様子。⬇高校生の修学《しゅうがく》旅行の一コマ。

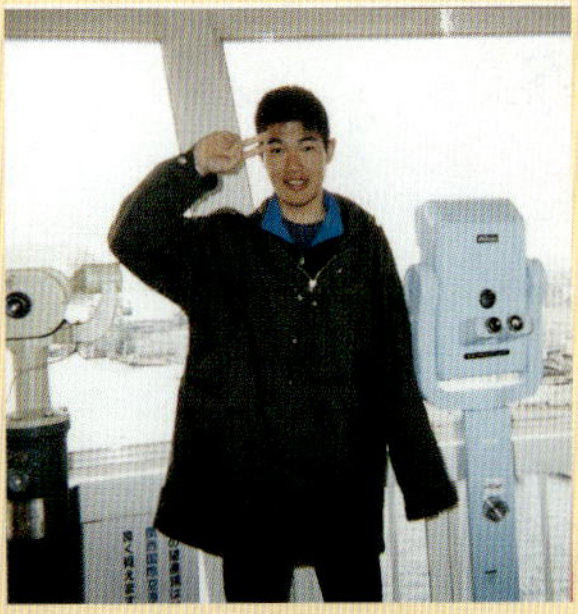

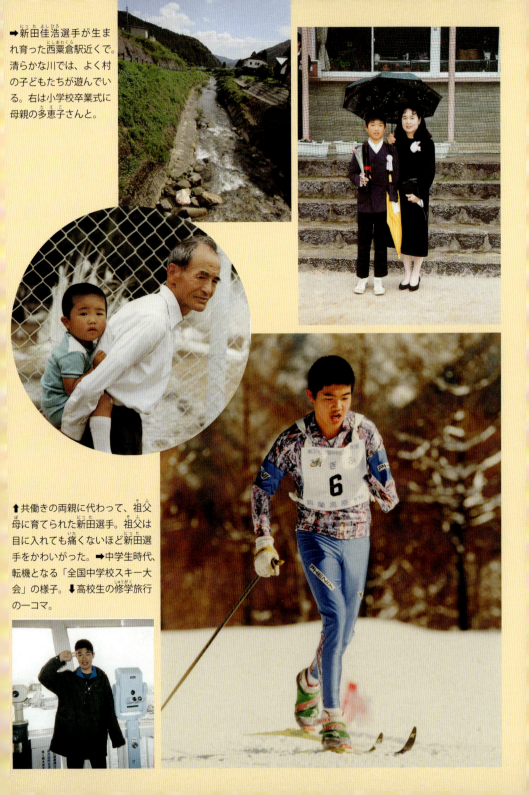

⬆2016年夏にトレーニングの一環《いっかん》としてローラースキー大会に参加。⬅2013年、長野《ながの》県白馬《はくば》村で行われた「ジャパンパラリンピック　クロスカントリースキー大会」で。家族と過《す》ごすひとときが、スキーをがんばる原動力に。

HAKUBA SKI CLUB
11
Hakuba

不可能《ふかのう》とは、可能性《かのうせい》だ

パラリンピック金メダリスト新田佳浩《にったよしひろ》の挑戦《ちょうせん》

目次

「障害者《しょうがいしゃ》」の表記について　表記については、「障碍者《しょうがいしゃ》」「障《しょう》がい者《しゃ》」など、さまざまな見解《けんかい》がありますが、本書では原則《げんそく》として、「障害者《しょうがいしゃ》」という表記に統一《とういつ》いたしました。

ぼくは三歳《さい》のとき、事故《じこ》で左手を失いました。
正確《せいかく》には、左ひじから先の部分がありません。
そんなぼくがスキーと出会って、パラリンピックを目指します。
四度目の出場で長年の目標だった金メダルを手にしました。
夢《ゆめ》をかなえるには、がんばることが必要です。でも、それだけでは実現《じつげん》できません。
この本では、ぼくが大切にしている「10の言葉」をきみにおくります。
きみの夢《ゆめ》がかない、さらに夢《ゆめ》の先にあるものが見つけられますように。

1 〝できないこと〟を工夫で乗り越《こ》える

もうぼくの手は生えてこない

一九八〇年六月八日、岡山県《おかやまけん》英田郡《あいだぐん》西粟倉村《にしあわくらそん》という小さな村で、ぼくは生まれました。当時の村の人口は二〇〇〇人ほど。それぞれの家にだれが住んでいるか、どんな仕事をしているかはおたがいに知っていて、みんなで助け合いながら暮らし《く》ています。村の面積の九十五パーセントは森林で、家の目の前には川や温泉《おんせん》がある、自然豊《ゆた》かなところです。ぼくは村の人たちから〝よっちゃん〟と呼《よ》ばれ、かわいがられて育ちました。

三歳《さい》になった、九月のある土曜日のことです。お父さんとお母さんは、いつもどおり仕事に出かけていました。五つ年上のお姉ちゃんは昼まで小学校の授業《じゅぎょう》があり、ぼくは農業を営《いとな》むおじいちゃん、おばあちゃんとともに、田んぼで初めての稲刈《いねか》りを体験することになっていました。

「今から田んぼに行くんだ」

田んぼに向かう道で近所の人とすれちがうたびに、自慢《じまん》しました。

新田《にった》選手が左手を失う事故《じこ》にあった田んぼ

「そうなの。よっちゃん、ちゃんと手伝《てつだ》わないとねぇ」

「うん！」

〝手伝《てつだ》う〟のが楽しみでうれしくて、ほこらしい気持ちでいっぱいでした。

稲刈《いねか》りには、コンバインという機械を使います。昔は手作業で稲《いね》を刈《か》っていたけれど、この機械の登場で、農家はずいぶんとらくになったでしょう。

稲《いね》は刈《か》られると同時に、コンバインのなかで脱穀《だっこく》されます。脱穀《だっこく》というのは、稲《いね》の穂《ほ》を茎《くき》からはずすことです。

ふと、機械のそばに脱穀《だっこく》されていないまっすぐな稲《いね》が何本か落ちているのに気づきました。ぼくは、それを高速回転しているコンバインに向かって投げつけました。投げた稲《いね》が散り散りになっていくのがおもしろかったのです。

でも一本だけ、ぼくの投げた稲《いね》がコンバインの隙間《すきま》にひっかかってしまいました。

(あれをとらないと……)

そう思って数歩前に出ると、山積みにされていた稲《いね》につまずき、転びそうになり……とっさに手が前に出ました。あっと思った瞬間《しゅんかん》、ぼくの左手がコンバインのなかに吸《す》い込《こ》まれてしまったのです。

おばあちゃんの悲鳴が聞こえた気がしました。

「えらいこっちゃ」

おじいちゃんも、運転していたコンバインからあわてて飛び降《お》りました。自分の首に巻《ま》いていた手ぬぐいをはずすと、ぼくの左手にぐるぐる巻《ま》きます。血が出ているのでしょうか。こわくて傷口《きずぐち》を見られませんでした。

「よっちゃん、どうしたの！」

「だいじょうぶ？」

近くにいた近所のおじさん、おばさん……大人たちが次々にぼくの顔をのぞきこみ、どこかから「早く救急車を呼《よ》べ！」とどなる声が聞こえます。

どうしてそんなに大騒《おおさわ》ぎしているんだろうと、ぼくはひとごとのように感じていました。コンバインに巻《ま》き込《こ》まれて手がちぎれたというのに、痛《いた》いという感覚はなく、泣かなかったと思います。

救急車より早く職場《しょくば》から駆《か》けつけたお父さんの車で、近くの総合《そうごう》病院へ行きました。でも、けがの状態《じょうたい》がひどくて、「もっと大きな病院でみてもらってください」と言われました。総合《そうごう》病院では止血だけしてもらいました。ぼくは救急車でちがう病院に運ばれることになったのです。そのころにはお母さんも職場《しょくば》からぼくのいる病院に到着《とうちゃく》しました。

おじいちゃん、お母さん、親戚《しんせき》のおばちゃんといっしょに救急車へ……ぼくは、そこで意識《いしき》を失いました。


救急車に乗る直前、病院の医師《いし》は佳浩《よしひろ》の手に巻《ま》かれた包帯をはずし、母親の多恵《たえ》子《こ》にけがの状態《じょうたい》を説明した。

「うわあ、大変なことになってしまった」

傷口《きずぐち》を見た多恵子《たえこ》はつぶやいた。そのころ、田んぼではみんながばらばらになった佳浩《よしひろ》の手や指をかき集めていたが、多恵子《たえこ》はもう手はつかないだろうと予想した。

救急車で搬送《はんそう》された先の病院で、佳浩《よしひろ》は傷口《きずぐち》が化膿《かのう》し、使えなくなる可能性《かのうせい》がある部分まで腕《うで》を切断《せつだん》し、傷口《きずぐち》をぬい合わせる手術《しゅじゅつ》を受けることになった。

(この子にはこれから先、どんな生活が待っているんだろう。手がなくて仕事や結《けっ》婚《こん》ができるの？　当たり前の生活が送れるの？）
多恵子《たえこ》の胸《むね》は不安ではちきれそうになり、目からはらはらと涙《なみだ》がこぼれ落ちた。

ぼくが目を覚ますと、お父さんはいませんでした。お母さんのほっぺたがぬれています。ぼくと目が合うと、お母さんはすぐに手で涙《なみだ》をぬぐいました。

ぼくは急にトイレに行きたくなって、小さな声で「おしっこ」と言いました。

「一人で行ってきなさい。いつもできていたでしょ」

なんだか、お母さんの口調が冷たく感じられました。

なんとかベッドから起き上がり、一人でトイレに向かいました。足に力が入らなくて、ふらふらします。左手が包帯でぐるぐる巻《ま》きなので、右手だけでおちんちんを支《ささ》えておしっこをしました。

部屋《へや》にもどると、お母さんが「えらいな」と頭をなでてくれました。いつもの優《やさ》しいお母さんの顔です。いつの間にかお父さんもとなりにいて、にっこり笑っていました。

二十日間の入院を経《へ》て自宅《じたく》にもどると、生活の何もかもに苦労しました。洋服のボタンをかける、茶碗《ちゃわん》を持つ、食事をする、風呂《ふろ》に入る……片手《かたて》ではどうしても時間がかかります。三歳《さい》前に補助輪《ほじょりん》なしで乗れていた自転車も、もう一度、補助輪《ほじょりん》をつけるところからやり直し。腕《うで》を切ったために血の流れが悪いのか、冬は切断面《せつだんめん》のしもやけにも悩《なや》まされました。

義手《ぎしゅ》も作ってもらったけれど、感覚がないためにいろいろな場所にぶつけるのがいやで、数日でつけるのをやめてしまいました。

「左手が全然生えてこない！」

ある日、ぼくは泣きました。だれかが「いつか生えてくるよ」となぐさめてくれていたので、そう信じていたのです。お父さんはおどろいたように目を見開くと、静かに首を横にふりました。

「それはもう、生えてこん……」

ぼくも、うすうすわかっていたのです。うなずくのが精《せい》いっぱいでした。

そしてだれもいない部屋《へや》に呼《よ》ばれました。

「佳浩《よしひろ》」

お父さんはまっすぐぼくの目を見て語りかけます。

「けがをしたのは、左手がなくなったのは、お前が悪かったからなんだよ」

いっしょに田んぼに行ったおじいちゃん、おばあちゃんは悪くない、そう言っているのだと思いました。

おじいちゃんは、ぼくに対してけがをさせてしまったという自責《じせき》の念があったのでしょう。いつも優《やさ》しかった。かに鍋《なべ》をすれば、身をきれいにほぐし、「佳浩《よしひろ》、食べなさい」と差し出してくれる。魚の骨《ほね》をきれいにとってくれたり、みかんの皮をむいてくれたりもしました。でも、そのたびに「自分でやりなさい！」とお母さんが強い口調で止めました。おじいちゃんに向かっても「おじいさん、佳浩《よしひろ》に手を貸《か》さないでください」と言います。

「一生、この子のそばについていてあげられるわけではないのです。この子がこれから先、わたしたちに見えないところでどんな目にあうかもわからない。へたくそでもいい。どんな格好《かっこう》でもいい。わたしは佳浩《よしひろ》に、なんでも自分で食べられるようになってほしい」

お母さんの悲鳴に近いようなうったえに、おばあちゃんも「おじいさん、そうですよ」と味方しました。この後、おばあちゃんは靴《くつ》ひも結びや雑巾《ぞうきん》しぼりなど、生活のなかで片手《かたて》では難《むずか》しいことをどうすればできるのか、いつもぼくといっしょに考えてくれたのです。

おばあちゃんは、「わたしは昔、両手がない人が足で栗《くり》を拾って、背負《せお》っているカゴにぽんぽん入れているのを見たよ。片手《かたて》ぐらいなくたって、なんでもできる」とぼくに笑いかけました。

左手を失った翌年《よくねん》の春、幼稚園《ようちえん》に入園しました。友達とけんかをしたときに「なんだよ！　左手がないくせに」と言われて、くやしい思いをしたこともあります。でも、おばあちゃんのアイディアと、一歳《さい》ちがいの妹との遊びを通して、片手《かたて》でできることが少しずつ増《ふ》えていったのです。

ちょうちょう結びは、大きな輪を作ってひじや足でおさえることで成功。はさみも左手で物をおさえ右手で上手《じょうず》に使えるようになり、家の段《だん》ボールを使って工作を楽しみました。鉄棒《てつぼう》の逆上《さかあ》がりや補助輪《ほじょりん》なしで自転車に乗ることも、小学校の入学前にできるようになりました。

砂場《すなば》ではどのくらい高くジャンプできるかためしたり、幼稚園《ようちえん》から帰ると、野に放たれた動物のように裏山《うらやま》で走りまわったり……。

ぼくの家の近くの川にはところどころに大きな石があって、どうしたら水がかからないように向こう岸に行けるか、足の踏《ふ》み場《ば》を考えながらしょっちゅう友達と競争していました。失敗すれば靴《くつ》がびしょびしょになってしまう。知らず知らずのうちに遊びのなかで体をきたえたなぁと思います。

そして四歳《さい》の冬、初めてのスキーに挑戦《ちょうせん》しました。

突然《とつぜん》、「佳浩《よしひろ》、スキー靴《ぐつ》を買ってきたから行くぞ」とお父さんに言われたのです。ぼくはてっきり、そりで遊んでくれるのかとわくわくしました。岡山《おかやま》県北部にあるぼくの住んでいた村は、冬ともなれば雪がたくさん降《ふ》ります。そり遊びは村の子どもたちみんな、大好きでした。

「いや、そりはいつでもできるから、今日《きょう》はスキーをやろう」

まずは、スキー靴《ぐつ》をはくところから練習しました。片手《かたて》でやらなければならなかったので、最初はちっとも楽しくありません。どうしてこんなに大変なことをやらなければいけないのか、不満に思っていましたが、お父さんはあきらめません。それから毎週のように近所のスキー場に連れていかれたのです。

あとから知ったことですが、西粟倉《にしあわくら》では小学校に入ると子どもたち全員が授業《じゅぎょう》でスキーをするので、お父さんには、そのときに一人だけみんなより時間がかかってみじめな思いをさせたくないという気持ちがあったようです。

「まっすぐ進まないよ！」

ぼくは弱音をはきました。お父さんはぼくといっしょに、どうすればいいかを考えてくれました。

「うーん……そうだ！　ここ！　またの下をストックでつけ」

片手《かたて》では、最初にすべるスピードを出すのが難《むずか》しいです。なかなか進まないし、バランスも悪い。ただすべるだけでなく、方向転換《てんかん》、転び方、転んだときの起き方など、お父さんと二人で失敗を繰《く》り返して悩《なや》みながら、なんとか片手《かたて》でできる方法を編《あ》み出していきました。

何度かスキー場に通っていると、そのうち妹もついてくるようになりました。ぼくも年下には負けたくなくて、妹と競争しながらスキーをするようになっていきました。

やがて佳浩《よしひろ》が小学校へ入学する年となった。一年生の担任《たんにん》に決まった栃山《とちやま》先生は「左手がない児童が入学する」と聞いて心配になり、入学式前に新田《にった》家を訪《おとず》れた。

「お母さん、学校として何かできることはあるでしょうか」

栃山《とちやま》先生がたずねると、母親の多恵子《たえこ》は毅然《きぜん》としてこう言った。

「先生、何しに来られたのですか。わたしから言うことは何もありません。特別なことはしないでください」

その言葉には、〝どの子もしていることを佳浩《よしひろ》にもさせてほしい〟という多恵子《たえこ》の強い思いが込《こ》められていた。

両親は悩《なや》んでいた時期に、障害者《しょうがいしゃ》を教える学校の先生に会いに行ったことがあった。どう育てたらいいのか、やみのなかを歩いているようだったからだ。

「佳浩《よしひろ》くんを障害者《しょうがいしゃ》ととらえてしまえば、そうなってしまうでしょう」と、その先生は話した。

「佳浩《よしひろ》くんがボタンをかけているときに手伝《てつだ》ったら、彼《かれ》は一生、かけられなくなってしまいます」

両親の心に、その言葉がずっと残った。佳浩《よしひろ》をふつうに生活させたい。それなら、手を貸《か》してはダメだと思った。姉や妹と同じように、自宅《じたく》の農作業を手伝《てつだ》わせた。たとえ雪が降《ふ》っても付きそって歩かない。佳浩《よしひろ》は片手《かたて》でハンドルをにぎってから自転車にまたがり、何度も転びながら雪道を走ることもあった。

父親は佳浩《よしひろ》を見守りながら、手伝《てつだ》ってあげたい思いをぐっとこらえた。

「転んでみないと、転んだ痛《いた》さはわからない。火を使わなければ、何があぶないのかはわからない。大人は子どもが転ぶまで、痛《いた》い思いをするまで、待ってあげないといけない」

一年生のときは毎日のように学校で泣いていたので、みんなから〝泣き虫よっちゃん〟と呼《よ》ばれていました。当時六年生だった姉も、「佳浩《よしひろ》、今日《きょう》も学校で泣いていたよ」と家で報告《ほうこく》していましたが、お母さんは何も言いませんでした。

なわとびや給食当番、教室掃除《そうじ》……。〝みんなと同じようにできるようになりたい〟という思いが強くて、うまくできないときに涙《なみだ》が出てしまうのです。

給食ではわざと重い食缶《しょっかん》を運びました。周囲にやる前からできないんじゃないかと思われてしまうこと、まわりから「手伝《てつだ》おうか」と言われるのがいやでした。手がない人が重い物を持っているときに、持とうかと声をかけることは親切のように感じますか。ぼくは「あなたには持てないでしょ」と言っているのと同じことだと思います。

「そんなにかわいそうなことをさせなくても……」

そう言う人もいました。でもちがう。〝できないこと〟に挑戦《ちょうせん》することは、かわいそうなことではありません。できないとくやしいし、うまくいかないといらいらとするけれど、それでもぼくはできるようになりたかった。みんなと同じように、いろいろなことができるようになったら〝世界が楽しくなるだろうな〟と思うから。

なわとびは、片方《かたほう》のなわのはしを左のわき腹《ばら》にはさみ、もう片方《かたほう》を右手で回してとぶ練習をしました。キャッチボールは、右手にグローブをはめてボールをキャッチし、左わき腹《ばら》にグローブをはさんでから右手でボールをとって投げました。

だれだって変えられないものはある。背《せ》が低い、高い、太っている、運動が苦手など。その体で何かができないなら、工夫すれば乗り越《こ》えられるんじゃないかとぼくは思います。

2　〝やらされている〟と思うことは、成長しない

片手《かたて》で始めたクロスカントリースキー

四年生からは、スポーツ少年団《しょうねんだん》に入りました。入団《にゅうだん》している子は同じ小学校の子ばかり。コーチも小学校の先生がボランティアでやっていたから部活のようなものですね。春から秋にかけてはソフトボール、秋はサッカー、冬はスキー、雨が降《ふ》ればバスケットボールと、いろいろなスポーツを体験しました。

なかでもソフトボールは、岡山《おかやま》の県大会に進むほど強かったのです。スポーツ少年《しょうねん》団《だん》は幼稚園《ようちえん》から小学校まで同じメンバーで、一学年約二十人全員が試合に出場しないとチームとして戦えないぐらいだったけれど、ほとんど負けませんでした。県内でおよそ六十チームあり、五十七勝三敗ぐらい。すごいでしょう。

スポーツ少年団《しょうねんだん》や学校でのいじめはなかったけれど、他校との試合では相手チームからバカにされることがよくありました。

「手がないやつが試合なんてできるのか！」

内心はけっこう傷《きず》つきました。でも、ぼくのかわりにチームメートが「手がないこ

小学生時代、ソフトボールをする新田《にった》選手

となんて関係ない。やってみなければわからないだろ！」と言い返してくれたのです。

得意だったスポーツは、マラソンです。学校のマラソン大会では小学校高学年になると約六キロを走るのですが、五年生のときに六年生全員をふくめてぼくが一位でした。走るのが好きというわけではなかったけれど、友達とかけっこをすれば負けなかったし、長距離《ちょうきょ》離《り》も強かったです。

反対に、苦手なスポーツはありませ

中学生時代、とび箱を片手《かたて》でとぶ新田《にった》選手

んでした。いつも父親が先まわりして練習させてくれたからです。ソフトボールやスキーもそうでしたし、体育のとび箱もみんなより早く練習しました。半分、土にうめられたタイヤが並《なら》ぶ公園で、片《かた》手《て》でとぶ方法を研究し、何度も練習したのです。

ただ、水泳だけはやる前から苦手意《い》識《しき》がありました。

「泳げない」と父親に言うと、

「じゃあ、船がしずみそうになったら、泳げない佳浩《よしひろ》は死ぬよ」

そっけなく言われました。

両親はみんなと同じようにできる方法をいっしょに考えてくれましたが、ぼくに手を貸《か》すことはありません。ぼくも自分でやるんだという気持ちが強かった。

そして、一つのスポーツだけでなく、いろいろな動きを体験したことが強い体の土台をつくったと思います。


クロスカントリースキーを始めたのは小学三年生のときです。

スキーには大きく分けて「アルペンスキー」と「ノルディックスキー」があります。アルペンスキーは、斜面《しゃめん》をすべり降《お》りるもの。ノルディックスキーは、雪山をすべり降《お》りるだけではなく、雪の野山を駆《か》けるもの。

ぼくがパラリンピックでメダルを獲得《かくとく》したクロスカントリースキーはノルディックスキーの一種で、雪上のマラソンとも言われています。体力だけでなく、平地、上り、下りといった地形に合わせたやわらかな動きが必要なのです。陸上でのマラソンと同様に、距離《きょり》も短いものから長いものまであります。

父親が教えてくれたおかげで、小学校のスキー教室ではまわりから「すごい」と言われるほど、スキーが上達しました。〝もっとうまくなるかもしれない〟という気軽な気持ちでクロスカントリースキーを始めましたが、練習はハードでした。

サーキットトレーニングといって、十種類ぐらいの筋《きん》トレと、ランニングなどの有酸素《ゆうさんそ》運動を組み合わせ、約十五分間、休みなく続けるのです。例えば、腕立《うでた》て伏《ふ》せを二十回やって、五十メートル走り、腹筋《ふっきん》二十回、再《ふたた》び走り、懸垂《けんすい》……という運動を十種類、三セットぐらい行うことで心肺機能《しんぱいきのう》を高め、全身を強化していくのです。

なかには練習がきつくてやめてしまう子もいました。でもぼくは、同級生に負けたくないという思いでがんばりました。すると体力が向上するとともに、クロスカントリースキーの技術《ぎじゅつ》もどんどん身についていったのです。

でも、中学生になると壁《かべ》にぶちあたりました。

学校の部活では剣道《けんどう》、卓球《たっきゅう》、バレーボールの三つからしか選べなかったので、ぼくは卓球《たっきゅう》部に所属《しょぞく》し、週末だけ小学生で入ったスポーツ少年団《しょうねんだん》でクロスカントリースキーをしていました。

そのころ、スキーがまったく楽しくありませんでした。むしろつらくて仕方なかったのです。練習を仕方なくやっている状態《じょうたい》。心のなかに激《はげ》しい葛藤《かっとう》があって、スキーを続けることがつらかったです。

小学生のときには〝できない〟ことがみんなと同じように〝できる〟ようになっていく喜びがあったから練習し、順位も技術《ぎじゅつ》ものびていきました。

中学生になっても、一年生のときには県大会で八位、二年生では全国大会への出場が決まりました。はたから見れば実力が上がっているように感じられたかもしれません。まわりの人も「悪くないじゃない」と言ってくれました。だけど、ぼくにはそうは思えませんでした。同い年の子に負けるようになっていたからです。

陸の上で走るのなら、ぼくは同い年の子に負けない。それなのに、スキー靴《ぐつ》をはくと勝てない。どうして勝てないいんだろうと、くやしくてたまりませんでした。

実は、クロスカントリースキーは全身を使うスポーツなので、いくら走るのが速くても上半身の弱さが痛手《いたで》になります。つまり左手がなくて両手でストックを使えないぼくは、健常者《けんじょうしゃ》の同い年の子たちに勝てないんだと、思い知らされたわけです。

苦しかった。全国大会への出場が決まっても、同い年の子に負けるなら、順位が落ちたのと同じこと。勝てないもどかしさで、そろそろやめようかと真剣《しんけん》に考えたこともありました。週末のたった二時間の練習に身が入らないし、自主的に練習量を増《ふ》やそうという気持ちも起きません。

でも、全国大会は楽しく感じたのです。将来《しょうらい》出場することになるパラリンピックの規模《きぼ》を小さくしたような、まるでお祭りのような熱気が会場を包んでいました。ぼくはその楽しい雰囲気《ふんいき》にのまれました。参加できることがうれしくて、全国大会の記念T《ティー》シャツを買ってしまったことを覚えています。

レース中は頭が真っ白、順位もひどいものでしたが、自分なりに精《せい》いっぱいやったという達成感もありました。そして全国大会の後に行われた中国（岡山《おかやま》、広島《ひろしま》、鳥取《とっとり》、島根《しまね》、山口《やまぐち》）大会では、健常者《けんじょうしゃ》の中学生の部で四位の結果を残すことができたのです。

クロスカントリースキーは、一人ずつ数十秒差でスタートし、ゴール後にスタート時間から逆算《ぎゃくさん》して順位を決める。そのため、レース中は本当の順位がわかりにくく、どこの地点で自分が追いぬかれたのかも見えにくい。

中学時代の佳浩《よしひろ》は、転ばなかった、がんばったというレースであっても、ゴールをしてから順位を聞くと、逆転《ぎゃくてん》されていたという結果が多く、気持ちが折れそうになっていたのかもしれない。

そんななか、佳浩《よしひろ》が中学二年生で出場した全国大会は、後の人生を左右する大きな転機となる。

中国大会が終わった後は、クロスカントリースキーは苦しいけれどおもしろいなと思えるようになり、少しだけ気持ちが上向きになっていきました。ただ、スポーツ選手になるつもりはまったくなく、中学三年生になると高校受験の勉強にはげみました。当時は、自分が苦労したから、同じように障害《しょうがい》のある人たちを支《ささ》えてあげたいと福祉《ふくし》の道に進むつもりだったのです。

夏休み、福祉系《ふくしけい》の高校のオープンスクールで車いすに乗る体験会がありました。その場にいただれもが「乗ってみたい」と言って、次々に車いすに乗ったけれど、ぼくだけ乗れませんでした。左手がない自分が車いすに乗ったら、みんなからどう思われるだろう、手がないぼくが乗ったら笑われないだろうかと考えてしまって……。

自分に自信が持てず、まわりの人の目が気になる時期だったと思います。

クロスカントリースキーの成績《せいせき》も、思うようにのびない。左手があればこんなに苦労しなくてすんだのに、もっとうまくスキーをすべれたのにという、くやしさをぶつける相手がいませんでした。家族に話したかったけれど、祖父《そふ》を責《せ》めることになってしまうから言ってはいけないという葛藤《かっとう》があったのです。

そんなぼくに対し、一つ下の妹は熱心にクロスカントリースキーの練習をしていました。ぼくよりもまじめに、〝自分に足りないもの〟を身につけようとしています。

受験勉強のため、しばらく体を動かすことからはなれていたぼくは、妹を見ていたら、急にスキーをしたくなりました。

中学三年の冬、妹をさそって、田んぼのまわりに降《ふ》り積もった雪の上をいっしょにすべりました。太陽の暖《あたた》かさ、澄《す》んだ空気、雪を踏《ふ》みしめる音……。真っ白な雪の上をさっそうとすべっていく妹の後ろ姿《すがた》が、かがやいていました。二本のスキー板のあとが、雪の上にくっきりと残って美しかった。雪が深ければ、決して歩いていこうと思わない場所に、スキーでならどこまでもどこまでも進んでいける……。

（ああ、スキーって、クロスカントリースキーっていいな）

心から思いました。あの日、高校に入ったら、もう一度スキー靴《ぐつ》をはこうと決めたのです。

高校に合格《ごうかく》し、中学卒業を間近にひかえた春のはじめのある日、学校に一本の電話が入りました。

「新田佳浩《にったよしひろ》さんにお会いしたいのですが」

現在《げんざい》のぼくの監督《かんとく》で、障害者《しょうがいしゃ》クロスカントリースキーの指導《しどう》をゼロから始めた荒井《あらい》秀樹《ひでき》さんからでした。電話を受けたのは中学校の体育の先生です。

「一九九八年に長野《ながの》で開催《かいさい》されるオリンピックの一か月後に、パラリンピックという障害者《しょうがいしゃ》スポーツの世界大会があるんだって。選手として出てみないかとおっしゃっている」

「……話を聞いてみます」

荒井監督《あらいかんとく》は「腕《うで》がない少年が全国レベルの大会でスキーをしていた」と、ぼくが中学二年生で出場した全国大会の様子を知人から聞いたのだそうです。「信じられない気持ちで電話をしたんだ」と、後日、ぼくに話してくれました。

荒井監督《あらいかんとく》との出会いによって、ぼくはパラリンピックの舞台《ぶたい》を目指すことになります。ここから、ぼくの本当の挑戦《ちょうせん》が始まりました。

何かをがんばるときに、小学校や中学校では〝みんなと同じようにやりたい〟〝負けたくない〟という気持ちが一番でした。でも、パラリンピックに出場したいという気持ちでスキーの練習を始めると、〝やらされている〟という思いがなくなったのです。

〝これをやるんだ〟と決意したとき、体の内側から力がわいてくるように感じました。

3　はっきりとした目標を立てよう

長野《ながの》のパラリンピックを目指す

「パラリンピックを目指しませんか」

荒井監督《あらいかんとく》からパラリンピックが世界最高峰《さいこうほう》のスポーツの大会と聞いたとき、ぼくは内心たいしたことないんだろうなって思っていました。

「息子《むすこ》は障害者《しょうがいしゃ》として育てていないので、無理です」

ぼくが答えるより前に、父親がそう答えました。それまで、ぼくはふつうに、健常者《けんじょうしゃ》のなかでスポーツをしてきましたから。

荒井監督《あらいかんとく》は、海外の選手が映《うつ》るビデオや写真を手にしながら、強く言いました。

「パラリンピックは弱者の発表会ではないのです。アスリートの大会です。世界の障害者《しょうがいしゃ》スポーツは、想像《そうぞう》されているレベルではありません。これを見てください」

そこには、スウェーデンで行われた大会で活躍《かつやく》するドイツの片腕《かたうで》の選手、トーマス・エルスナーがクロスカントリースキーをする姿《すがた》が映《うつ》っていました。衝撃的《しょうげきてき》でした。

いいえ、感激《かんげき》という言葉に近いかもしれません。世界には障害者《しょうがいしゃ》であっても、健常者《けんじょうしゃ》のプロと同じぐらい速くて、レベルの高い選手がいたのです。父親もおどろいていました。

（ぼくはビデオのなかのトーマス・エルスナーと同じぐらいのすべりができるだろうか。いや、今の自分ではとても彼《かれ》に追いつけない）

これまで、クロスカントリースキーでいい結果が残せなかったとき、片手《かたて》がないことをどこか理由にしていましたが、このビデオを見たときに、もう言《い》い訳《わけ》はできないと思いました。たとえ両手がある選手と勝負して負けたとしても、手がないことを理由にはできない、と。

「ぼく、パラリンピックに出られるようにがんばりたいと思います。今、何をしなければいけないでしょうか？」

最初に荒井監督《あらいかんとく》からの電話を受けた、中学校の体育の先生に相談しました。

「どんなスポーツも走ることが基本《きほん》だから、まずはそこからじゃないかな」

その日から、毎日七キロのランニングを始めました。

また、海外のパラリンピック選手やオリンピック選手がすべる様子をビデオで何度も見て、そのフォームを頭にたたき込《こ》みました。


初めてのパラリンピックは、一九六〇年、イタリアのローマで開かれた。佳浩《よしひろ》の生まれる二十年前のことだ。その後、一九七六年から冬季大会がスタートするが、佳浩《よしひろ》が高校に入学した一九九六年、日本ではまだパラリンピックという言葉になじみがなかった。荒井監督《あらいかんとく》や厚生省《こうせいしょう》（現在《げんざい》の厚生《こうせい》労働省）の担当者《たんとうしゃ》は、両親だけでなく、佳浩《よしひろ》が通う岡山《おかやま》県立林野《はやしの》高等学校の校長にもパラリンピックへの理解《りかい》を求める必要があった。荒井監督《あらいかんとく》の熱意が通じ、校長は「名誉《めいよ》あることですね。がんばりなさい」と、スキー合宿のために学校を休むことも了承《りょうしょう》。佳浩《よしひろ》を応援《おうえん》した。

そして、長野《ながの》のパラリンピックに向けた練習が本格的《ほんかくてき》にスタートした。

佳浩《よしひろ》はサッカー部に入部する予定だったが、パラリンピック出場を目指すため陸上部に入部した。足腰《あしこし》を強化したかったからだ。平日は走り込《こ》み、週末はスキーの日々。初めてスキー合宿に参加したのは、高校一年生のゴールデンウィークだった。

新潟県《にいがたけん》妙高《みょうこう》高原で行われた合宿は、障害者《しょうがいしゃ》と健常者《けんじょうしゃ》合同のものでした。荒井《あらい》監督《かんとく》はこう言いました。

「どうしたら強くなるか。わたしは、障害《しょうがい》がない健常者《けんじょうしゃ》の選手たちとトレーニングをすることだと思う。それが障害者《しょうがいしゃ》と健常者《けんじょうしゃ》の壁《かべ》をなくしていくことにもつながっていく」

それまではだれかから「これをやっていなさい」と与《あた》えられた練習しかしていませんでしたが、この合宿で意識《いしき》が変わりました。ほかの選手がふだん何を考えて、どういう練習をしているのか。年間のトレーニングスケジュールなども自分から積極的に質問《しつもん》しました。今の時代はインターネットがあり、知りたい情報《じょうほう》を簡単《かんたん》に得ることができますが、ぼくは〝人に聞く〟、そしてみずから〝体験する〟ことでしか本当に大切なことは得られないと思っています。

この合宿では初めて自分以外の障害者《しょうがいしゃ》の二人とも交流しました。視覚障害《しかくしょうがい》があって、ぼくとは目線がちがうのです。いろいろな障害《しょうがい》があるんだな、と思いました。スキーに関しては、正直言ってぼくよりうまくありませんでしたが、このうちの一人、小林《こばやし》深雪《みゆき》さんという女性《じょせい》はどんどん上達して、この合宿の一年半後、長野《ながの》のパラリンピックで金メダリストになりました。

また、冬季オリンピックや世界選手権《せんしゅけん》に何度も出場しているクロスカントリースキーの横山《よこやま》姉妹、久美子《くみこ》&寿美子《すみこ》選手からはスキーのアドバイスを受けながら、こんな言葉をかけてもらいました。

「新田《にった》くん、きみは一生懸命《けんめい》がんばれば、世界で通用するかもしれないよ」

はげまされて、うれしかったことが印象に残っています。

一九九七年、ぼくが高校二年生になると、翌年《よくねん》に国内でオリンピック・パラリンピックが開かれるということで、その盛《も》り上がりはたいへんなものでした。それまで取材を受けたこともないぼくが記者に囲まれて、芸能人《げいのうじん》になったのかと勘違《かんちが》いするほど注目をあびたのです。まわりからの期待もひしひしと感じ始めました。

当時、高校から自宅《じたく》まで約四十キロはなれていたのですが、数週間に一度、その道のりを走るか、ローラースキーで帰宅《きたく》して体力をつけようとしていました。

ローラースキーはクロスカントリースキーにいちばん近い夏のトレーニング法で、前後にタイヤがついた板をはいて道路をすべるのです。授業《じゅぎょう》が終わると、荷物を友達に預《あず》けて数百円のお金をにぎりしめ、自動販売機《はんばいき》で飲み物を買いながら、およそ二時間半で家にたどり着きました。

高校二年生の五月のゴールデンウィークから夏までの期間、ニュージーランドで初の海外合宿もこなしました。日本では雪がない時期でも、海外のいい状態《じょうたい》の雪で練習ができるのです。今でこそ当たり前のように行われていますが、当時の日本では夏は陸上トレーニングをするという意識《いしき》しかなく、荒井監督《あらいかんとく》の新しい取り組みでした。

朝、昼食を買い込《こ》んで標高一六〇〇メートルまで登り、午前中練習します。昼食時、汗《あせ》でぬれたウエアをヒーターなどで乾《かわ》かすのですが、しっかり乾《かわ》く間もなく午後の練習を開始しました。そして汗《あせ》だくになりながら暗くなるまで練習を続けるのです。

すべる喜びが心のなかに広がって、スキーをする自分をつき動かしていました。ゴールデンウィークから八月まで、常《つね》に雪の上にいたというぐらいトレーニングに専《せん》念《ねん》する日々でした。自分でもがんばったなと思います。

一九九八年二月七日から二十二日まで長野《ながの》オリンピックが開催《かいさい》され、日本は金メダル五、銀メダル一、銅《どう》メダル四つを獲得《かくとく》した。

そして翌月《よくげつ》の三月五日から十四日に、アジア初となる冬季パラリンピックが開かれた。一九九六年のアトランタパラリンピックはテレビや新聞で小さなあつかいだったが、長野《ながの》パラリンピックは国内開催《かいさい》ということもあり、競技《きょうぎ》の様子は新聞の社会面でなくスポーツ面で報道《ほうどう》された。日本でパラリンピックがスポーツとして認《みと》められた第一歩だ。選手が着るユニフォームも、長野《ながの》からはオリンピックとパラリンピックが同じものになった。

パラリンピックでの獲得《かくとく》メダルは金メダル十二、銀メダル十六、銅《どう》メダル十三という好成績《こうせいせき》。その金メダルには佳浩《よしひろ》と苦楽をともにした小林深雪《こばやしみゆき》もふくまれる。佳浩《よしひろ》は、クロスカントリースキーの五種目に出場したものの、いずれも八位か九位止まりで、かんばしい成績《せいせき》を残すことはできなかった。

特に順位の目標はなかったけれど、ゴールするときは雪にたおれこむほどで、高校生の自分が持っていた力は出しきれた大会だったと思う。地元・岡山《おかやま》からは車で十時間ぐらいかけて長野《ながの》まで応援《おうえん》に来てくれた人たちがいました。ありがたかったし、力になりました。

長野《ながの》を終えると、次はメダルにからむ選手になりたいと強く思うようになりました。一つは、以前ビデオで見た絶対《ぜったい》王者であるドイツの選手、トーマス・エルスナーのすべりを間近で見たことが大きいです。トーマス・エルスナー選手は、ぼくと同じで左手がありません。でも、走れば常《つね》に一位か二位。速いのはもちろん、身長がぼくと変わらなくて細い体つきなのに、走り方がダイナミックでかっこいい。自分がどこまでできるか。もう一度、精《せい》いっぱいがんばってみようと決心しました。

もう一つは、実家で行われた身内だけのお疲《つか》れさま会で、父親から「今だから言うけど……」と、ぼくが左手を失ったときの話を切り出されたことです。それまで家族で当時のことを話すことはありませんでした。

「あの事故《じこ》があったとき、おじいちゃんは『今すぐ自分の左手を切って佳浩《よしひろ》につけて

パラリンピック冬季競技大会開催地《かいさいち》

回	開催年	開催都市（国）	参加国・地域《ちいき》数
第１回	1976年	エンシェルツヴィーク（スウェーデン）	16
第２回	1980年	ヤイロ（ノルウェー）	18
第３回	1984年	インスブルック（オーストリア）	21
第４回	1988年	インスブルック（オーストリア）	22
第５回	1992年	ティーニュ／アルベールビル（フランス）	24
第６回	1994年	リレハンメル（ノルウェー）	31
第７回	1998年	長野《ながの》（日本）	31
第８回	2002年	ソルトレークシティ（アメリカ）	36
第９回	2006年	トリノ（イタリア）	38
第10回	2010年	バンクーバー（カナダ）	44
第11回	2014年	ソチ（ロシア）	45
第12回	2018年	ピョンチャン（韓国《かんこく》）	未定

（参加国数は、日本パラリンピック委員会のHPより）

やりたい』と言っていたんだよ」

そういうふうに思ってくれていたのか……。次はメダルをとってかたちにし、ぼくがけがしたことへの責任《せきにん》を感じている祖父《そふ》にプレゼントしたいと思いました。

当初は「運動より勉強をがんばりなさい」と、パラリンピックに出場することを反対していた母親からも「やってよかったね」と言われました。

「ほかにも佳浩《よしひろ》の知らないところで、応援《おうえん》してくれている人たちがいるから、感謝《かんしゃ》の気持ちを忘《わす》れないようにね」

たくさんの人のぼくへの温かな思いを感じ、四年後のソルトレークシティでは三位以内を目標にしました。翌年《よくねん》から海外の練習や試合へもひんぱんに行くようになり、世界での自分の力を意識《いしき》し始めたのです。

はっきりとした目標を立てると、今の自分の実力が見えてきます。自分はがんばっているという気持ちだけでなく、目標に対してどれぐらい差がつまってきたのか、あとはどこを努力すれば到達《とうたつ》できるのか、考えられるようになる。ぼくはこのとき、金メダルという大きな夢《ゆめ》が、心のなかにぼんやりとありました。そこで次の大会は〝世界で三位以内〟という具体的な目標を立てたのです。それが達成できたとき、夢《ゆめ》に向かって一歩前進したことになると考えました。

4　勝負のときは、油断《ゆだん》をしないこと

ソルトレークシティでの銅《どう》メダル

長野《ながの》のパラリンピックが終わったとき、ぼくは十七歳《さい》。まだまだやれるという気持ちでした。若《わか》いからいくら練習しても疲《つか》れなかったし、こわいもの知らずでもありました。がむしゃらにいろいろなものにチャレンジしていくんだという思いでいっぱいでした。

自分が社会的に障害者《しょうがいしゃ》であるということを受け入れて、前向きになれたのは、高校生のときに長野《ながの》で行われた合宿で、ほかの障害者《しょうがいしゃ》と出会ったおかげです。風呂《ふろ》に入っているとき、車いすの男性《だんせい》に話しかけました。

「車いすだとトイレに行ったり、移動《いどう》したりするのが大変ですよね」

彼《かれ》は「まあ、日常《にちじょう》生活でふつうの人とまったく同じようにはできないよね」と言い、こう続けたのです。

「でも、例えばある会社に十人が面接《めんせつ》に行ったとして、そのなかに車いすの人間がいたとしたら、名前はわからなくても記憶《きおく》には残るでしょ。それはほかの九人にはない強みだよね」

そうか、障害《しょうがい》にはそういうよさもあるんだと気づきました。発想を変えれば個性《こせい》だって。みんなと同じ道を進む必要はないのだ、と。

だれかのことをうらやましいとか、自分はダメな人間だと思うことは、〝自分にないもの〟を求めているからだと思います。そうではなくて、ここなら自分が一番になれるというものを見つけて、そこをがんばる。そこでは絶対《ぜったい》にほかの人に負けないようにする。すると、まわりが気にならなくなるんだと思いました。

足が遅《おそ》くてリレー選手で活躍《かつやく》できなくても、綱引《つなひ》きや玉入れなどちがうところで活躍《かつやく》できる場所を探《さが》せばいい。バスケットボールをしていて背《せ》が低い子が背《せ》が高い子にシュートを打たれてしまうなら、背《せ》が高い子にボールが回る前にカットすればいい。背《せ》が低いからこそ、しゃがんでフェイントをかけやすい、方向転換《てんかん》しやすいというよさもあるでしょう。

スポーツなら、どうすれば勝てるか。ほかのことなら、発想を変えてどこによさがあるか、どうすればうまくいくかを考えるのです。

一九九九年、ぼくは筑波《つくば》大学体育専門学校群《せんもんがっこうぐん》に進学し、同時に実家をはなれて大学の寮《りょう》に入りました。

中学・高校ではクロスカントリースキーの仲間がいなかったので、大学こそだれかといっしょにがんばりたいと期待していたのです。ところが、スキー部に入ったものの、やはりクロスカントリースキーの選手は一人もいませんでした。

残念でしたが、先輩《せんぱい》にどんなトレーニングメニューを組んだらいいかを相談すると、陸上部のコーチを紹介《しょうかい》してもらえたのです。

そのコーチは、クロスカントリースキーの経験《けいけん》はありませんでしたが、体力をつける練習法をいっしょに考えてくれました。ずっと自己流《じこりゅう》でやってきたぼくにとって、客観的にトレーニングを見直すいい機会でした。

毎週、大学から十七キロはなれた筑波山《つくばさん》まで自転車で行き、山登りをふくめて十キロ走り、また十七キロの距離《きょり》を自転車でもどってくる。陸上部のコーチと二人三脚《ににんさんきゃく》で、それまでにないトレーニングに取り組むことで、自分の体がいい方向に向かっているのを実感しました。

大学三年生になった二〇〇二年に、ソルトレークシティでパラリンピックが開催《かいさい》されました。

ぼくは、10キロや20キロの長い距離《きょり》では体力がもたず、ベストパフォーマンスが出せるのは5キロの種目。そこでメダルをねらい、勝負をかけようと思いました。

一・五キロや三キロなどの中間地点で、監督《かんとく》やコーチがトップや後ろとの秒差を教えてくれます。いい戦いでした。すべりながら三位以内に入ってメダルがとれるという感触《かんしょく》がありました。

「ここで心が折れたほうが負けだぞー！」

残り一・五キロでコーチの声が飛んできました。でも、下りで一瞬《いっしゅん》だけ気持ちがゆるんでしまったのです。

（まあ、だいじょうぶかな……メダルがとれるだろう）

ゴールすると、四位の成績《せいせき》。

その夜はずっと泣いて泣いて、ねむれませんでした。

（どうしてレース中に「まあ、だいじょうぶかな」なんて思ってしまったんだろう。たかが十分、十五分のレースじゃないか。四年間、このためだけにがんばってきたのに、なぜ最後まで強い集中力でやれなかったのか。ぼくは、自分に負けたんだ……）

四年後どころか、二日後に行われる別の種目のことも考えられません。いちばんねらっていた5キロをはずしては、もうぼくのパラリンピックは終わったも同然なのです。

ところが二日後、優勝《ゆうしょう》したトーマス・エルスナー選手のドーピングが判明《はんめい》しました。

薬を使ってスピードを出そうとしたのです。ぼくがもっとも尊敬《そんけい》し、あれだけ強かった選手が……おどろきました。禁止《きんし》されている薬物に手を出すほど、追いつめられていたのか。実力で優勝《ゆうしょう》できるかどうか不安だったのでしょう。

ぼくは繰《く》り上げで三位、銅《どう》メダルになりました。荒井監督《あらいかんとく》や家族をはじめ、まわりは喜んでくれたけれど、やはり複雑《ふくざつ》な気持ちでした。

前回の長野《ながの》のパラリンピックで金メダルをとった小林深雪《こばやしみゆき》さんは、ソルトレークシティではメダルがとれませんでした。チームでは〝新田《にった》でメダルをとろう！〟という雰囲気《ふんいき》だったので、ぼくが銅《どう》メダルになったことは、明るいニュースではありました。祖父《そふ》も喜んでくれました。

でも、何かがちがうよなって。こんなの〝棚《たな》からぼたもち〟じゃないですか。ぼくの左手がないことの原因《げんいん》をつくってしまったと感じている祖父《そふ》に対して「メダルをとってきたよ！」と堂々と言えない。メダルを手にすることに納得《なっとく》がいかない自分自身がいるのです。
一瞬《いっしゅん》の油断《ゆだん》が失敗へとつながった、後悔《こうかい》の残るレースになってしまいました。

5　うまくいかないときは、成長するタイミング

なぜ？　メダルがとれない涙《なみだ》のトリノ

二〇〇三年に大学を卒業し、主にスポーツ製品《せいひん》を販売《はんばい》するアディダスジャパンに就《しゅう》職《しょく》しました。

大学時代にパラリンピックでメダルをとれたことは、就職《しゅうしょく》活動に大きく影響《えいきょう》し、ぼくに興味《きょうみ》を持ってくれる会社はいくつかありました。ただ、この時期でもパラリンピックをオリンピックと同じように考えてくれる会社は少数派《しょうすうは》。「大会のために仕事を休むときは、有給休暇《きゅうか》を使ってください」という会社がほとんどでした。

有給休暇《きゅうか》とは、どの社員にも認《みと》められているお休みのことです。ぼくにとってはトレーニングや合宿のための休みを認《みと》めてくれることと、活動費のサポートがあることが重要だったのです。年に二十日程度《ていど》の有給休暇《きゅうか》では、一回の合宿で使いきってしまいます。スキーができない夏のオフシーズンのトレーニング合宿もふくめると、年に三分の一ぐらいの休みが必要になります。

アディダスジャパンではスキーに関係する休みを認《みと》め、活動費もサポートしてくれると言います。ぼくは迷《まよ》うことなくアディダスジャパンに就職《しゅうしょく》しました。それでも、プロとして一日じゅう練習することはできず、朝九時三十分から六時までは会社の仕事をしなければなりません。上司は、アメリカのオリンピック選手が弁護士《べんごし》の仕事をしながらすばらしい記録を出したことを話し、ぼくをはげましてくれました。

「勤務《きんむ》時間以外の、時間の使い方を考えればだいじょうぶだ」

上司の言うとおりだと思い、勤務《きんむ》時間以外はひたすらトレーニングをがんばりました。朝六時に起きてランニングをしてから朝食をとって出勤《しゅっきん》。日中は仕事、七時に帰宅《きたく》。軽く夕食をとって、そこからローラースキーやランニングをこなして九時。そのまま自転車でスポーツクラブに行って二時間トレーニング。帰宅《きたく》するのは深夜十二時近くで、シャワーを浴びてすぐに寝《ね》る。毎日その繰《く》り返しでした。

努力のかいあって、世界ランキングは三位、二位と順調に上がっていきました。世界ランキングは、ほかのスポーツでもよく耳にする言葉でしょう。スキーであれば、国際《こくさい》スキー連盟《れんめい》が主催《しゅさい》するような大会での成績《せいせき》がもとになり、決められるのです。世界を舞台《ぶたい》にした実力の目安になります。

そうして迎《むか》えた二〇〇五年の世界選手権《せんしゅけん》。翌年《よくねん》にはトリノでのパラリンピックをひかえていました。体調はよく、すべりも絶好調《ぜっこうちょう》。ぼくのような上半身に障害《しょうがい》がある人間には、バランスが重視《じゅうし》される平地より、アップダウンのあるコースのほうがすべりやすい。このアメリカでの世界選手権《せんしゅけん》は、得意コースでもありました。

しかし、結果はトップとわずか十秒差で二位、銀メダルでした。

これを読んでいるきみなら、「もうひと息！」と思えるでしょう。でも、あのときのぼくには、そうは思えませんでした。なぜなら、自分のなかで最大限《さいだいげん》の練習をして、ベストな体調でのぞんだ大会だったから。これ以上の力は出せないというところまでがんばったから。それでも二位なのか、負けてしまうのかと考えたら、泣くしかありませんでした。

このころ、トリノでのパラリンピックでは、なんとしても優勝《ゆうしょう》しなければいけないと追いつめられていました。そのとき、ぼくは二十五歳《さい》。選手としては身体的にいちばんいい年齢《ねんれい》といわれます。

祖父《そふ》も八十代後半となり、残された時間は短いかもしれません。元気なうちに金メダルを首にかけてあげたい、プレゼントしたいという思いがふくらんでいきました。でも、実は大きな問題を抱《かか》えていました。荒井監督《あらいかんとく》との関係がぎくしゃくしていたのです。

日立ソリューションズという会社で障害者《しょうがいしゃ》アスリートのスキー部を立ち上げることになり、荒井監督《あらいかんとく》は、ぼくをそこに入れたいと考えていました。「佳浩《よしひろ》をもっと強くさせたい。そのために、スポーツに集中できる環境《かんきょう》を与《あた》えたい」という思いがあったのでしょう。

「日立ソリューションズに来ないか」

荒井監督《あらいかんとく》から直接《ちょくせつ》さそわれました。長野《ながの》で金メダルをとった小林深雪《こばやしみゆき》さんも、入社するといいます。

（これまで応援《おうえん》してくれていたアディダスジャパンに対し、まだ結果を残せていない自分が、なんの恩返《おんがえ》しもせずに会社をやめることが正しい決断《けつだん》なのだろうか……）

しかし、荒井監督《あらいかんとく》がいなければ、合宿やトレーニングなどを行える環境《かんきょう》を得ることが難《むずか》しくなります。とても迷《まよ》いましたが、今、アディダスジャパンをやめることはできないと思いました。

「ぼくは一人で活動します」

それをきっかけに、荒井監督《あらいかんとく》とぼくとの間に、心の距離《きょり》ができてしまったのです。

アメリカの世界選手権《せんしゅけん》前の二〇〇五年から、トリノのパラリンピックが終わる二〇〇六年までの一年半ぐらいの間は、練習場所や体調管理など、ほとんどぼく一人で調整していました。気持ちに余裕《よゆう》がないなかで、トリノのパラリンピックが開催《かいさい》されるシーズンに入ってすぐ、転倒《てんとう》によって首を痛《いた》めてしまいました。首の筋肉《きんにく》がはり、すべっていると脳《のう》に酸素《さんそ》がいかないような状態《じょうたい》で、目の前が暗くなってくる。明らかに調子が悪かったのです。

そうして迎《むか》えたトリノのパラリンピック。

クロスカントリースキー10キロのスタート地点についたとき、一回もミスしてはいけない、後悔《こうかい》しないように走らないといけない、金をとらなければいけないという焦《あせ》りとプレッシャーで、心も体もボロボロでした。

すべり出して一キロで、転倒《てんとう》してしまいました。たおれるとき、右手のストックがわき腹《ばら》を強くつき……。痛《いた》くて目に涙《なみだ》がにじみました。体が固まっていた感じで、いつもの動きができなかった。何かがおかしい。ありえない。ふだんならなんでもないようなところで転んでしまったのです。

前回のソルトレークシティでは上半身の障害《しょうがい》のみのクラスで競いましたが、トリノからは下半身に障害《しょうがい》のある選手もライバルになりました。トリノのコースは比較的《ひかくてき》なだらかな地形で、二本のストックが使える、両手のある選手が有利であることは確《たし》か。でも、ぼくだって一生懸命《けんめい》、四年間練習してきたのです。なんとしても結果を出したいという強い気持ちが、自分の体に重くのしかかったのかもしれません。

（これでまた金メダルの夢《ゆめ》が散った。四年間の苦労が水の泡《あわ》だ……）

わき腹《ばら》の痛《いた》みをこらえてすぐに立ち上がり、なんとかすべりましたが、結果は十三位。すぐに精密検査《せいみつけんさ》を受けると、骨《ほね》に異状《いじょう》はありませんでしたが、荒井監督《あらいかんとく》から「次のリレーは出なくていい」と言われました。「別の人にすべらせる」ということです。

「20キロの種目でベストパフォーマンスを出すことに集中しろ」

二日後に行われるリレーを、ぼくは欠場しました。応援《おうえん》する側にまわり、仲間のリレーを見ていたとき、アンカーの選手のすべりに心を打たれました。ふつうならぬかれると思ってしまうような実力差なのに、むしろ後ろをはなしていく。自分は日本代表なんだ。日の丸をつけて走っているんだ。はずかしいすべりはできないという意地を感じました。

ぼくも気持ちを立て直し、20キロのレースにのぞみました。結果は五位でしたが、みんなが応援《おうえん》してくれて、自分でもがんばったと思ったから、レース後はすっきりした気持ちでした。

でも、閉会式《へいかいしき》が終わり、空港に向かう途中《とちゅう》、選手団《せんしゅだん》のスタッフがこう言ったのです。

「メダルをとった人は、こちらで共同記者会見があります。それ以外の人は、帰ってください」

メダリストとメダリストでない人の差を、はっきりと感じた瞬間《しゅんかん》でした。

長野《ながの》で金をとった小林深雪《こばやしみゆき》さんは、ソルトレークシティでメダルをとれなかったけれど、トリノでは金と銀を獲得《かくとく》しました。共同記者会見に行ってしまう。ぼくは彼女《かのじょ》に心から「おめでとう」と言ってあげられない。ぼくの首には何もかかっていない。

ただ、くちびるをかみしめました。

ぼくに、何が足りなくてメダルがとれなかったのだろう？

今なら、わかります。

心の奥底《おくそこ》では、金メダルをとって、きれいにスキーをやめたいという思いがありました。自分のことしか見えていなかった。荒井監督《あらいかんとく》のようなスキーのチームを支《ささ》えるスタッフの思い、「元気でやってくれればええ」とメダルにこだわらない祖父《そふ》の気持ちを考えていませんでした。メダルをとって会社に貢献《こうけん》したい、とらなければいけないという重圧《じゅうあつ》で気持ちが疲《つか》れていたのかもしれません。

このあとの四年間で、ぼくはスキーやその環境《かんきょう》、家族、愛する人と向き合うことになります。

あそこで転んだから、自分の心と体は成長できたと思うのです。

6

熱くなれ、本気でぶつかるんだ

お前にぼくの気持ちはわからない！

トリノのパラリンピックが終わると、祖父《そふ》は「転んでだいじょうぶか」と、ただぼくの体を心配してくれました。会社の人からも「がんばったね」と言われる。だれからも責《せ》められていないのに、メダルがとれなかったことで職場《しょくば》にいづらい気持ちでした。心のなかがもやもやとし、またここから四年間が始まるのかと、四年後が遠く遠く感じられました。

ある日、地元の友人たちが開いてくれた「お疲《つか》れさま会」でのことです。飲んで話しているうちに、だんだんレース中に転んだことがよみがえってきて、「この四年間の思いが、みんなにわかるわけがない」とぼくは泣きそうになりながら声をしぼり出しました。

「そんなことねえよ。わかるよ」

友人が強く言いました。

「いや、わかるわけがない。お前にぼくの気持ちはわからない！」

なぐり合いになりました。

自分で自分を認《みと》めてあげることができなかった。結果を出せない自分を許《ゆる》せなかった。それだけ、メダルをとらなければいけないというプレッシャーにさいなまれていたのです。

まわりの人たちにけんかを止められたときには、友人もぼくも、おたがいに顔から血が出ていました。ぼくは、立ち上がって言いました。

「次は、絶対《ぜったい》に金メダルをとるから。そのときはお祝いしろよ」

それは、友人に言った言葉じゃない。自分自身への挑戦状《ちょうせんじょう》です。友人は、ただだまってうなずいていました。

あとから、その友人はトリノのパラリンピックのテレビ中継《ちゅうけい》でぼくの転倒《てんとう》を知ったとき、涙《なみだ》を流していたと知りました。それを聞いて、友人の言葉に耳をかたむけようとしなかった自分は、なんてちっちゃな人間だったのかと思いました。ぼくを応援《おうえん》してくれる人がいる。心配してくれる人がいる。言い争いになってしまったことを申《もう》し訳《わけ》ないと思いました。

トリノのパラリンピックではメダルがとれなかった。職場《しょくば》にはいづらい。友人ともけんかしてしまう。自分が置かれたこの状況《じょうきょう》をどうすれば変えられるだろうか。もう次のパラリンピックが終わった後は後悔《こうかい》をしたくない。選手としてできる練習を全部やっておきたい。

アディダスジャパンは「条件《じょうけん》のいい就職《しゅうしょく》先が見つかったらやめればいいのだから、それまではここに身を置いたら?」と言ってくれました。うれしかったけれど、昼間は仕事をしなければいけないから練習する時間が足りません。海外での試合や練習などのお金を用意するのも大変でした。

そのころ、後に妻《つま》となる知紗子《ちさこ》と付き合っていました。彼女《かのじょ》は、ぼくが悩《なや》んでいる様子をずっと見ていました。そしてある日、こう言ったのです。

「スキーを続けていくんだったら、お世話になった荒井監督《あらいかんとく》との関係がこのままなのはよくないでしょう。きちんとお礼を言って、関係を取りもどしたほうがいい。スキーが精《せい》いっぱいできる場所をいっしょに探《さが》してくださいと、言うべきじゃないの?」

もっと速くなりたい。強くなりたい。でも、今の自分のままではどんな練習をすれば強くなれるのか、わからない。それを具体的に教えてくれる環境《かんきょう》に身を置いて、ゼロから練習したいと思いました。

「このままでは選手として終われないので、日立ソリューションズのチームに入れていただけないでしょうか」

荒井監督《あらいかんとく》に頭を下げました。

佳浩《よしひろ》と知紗子《ちさこ》のつながりは、長野《ながの》オリンピック・パラリンピックの時期までさかのぼる。

知紗子《ちさこ》は、長野《ながの》のオリンピックでボランティアをしていた。スポーツを見るのもするのも大好きな女性《じょせい》で、なんらかのかたちでスポーツとかかわっていたいという思いを持っていた。当時、パラリンピックはあまり知られておらず、手伝《てつだ》いの人手がまったく足りない状態《じょうたい》。見かねた知紗子《ちさこ》はオリンピックの後のパラリンピックも、続けて手伝《てつだ》うことになった。パラリンピックの開催《かいさい》期間中は、選手村に宿泊《しゅくはく》していたという。

「パラリンピックって、かっこいいなあ!」

目の前で繰《く》り広げられるホッケーの競技《きょうぎ》を見て、二十一歳《さい》の知紗子《ちさこ》は心から感動する。そんなある日のこと、クロスカントリースキーの荒井監督《あらいかんとく》が、知紗子《ちさこ》の住む東京都《とうきょうと》江東区《こうとうく》でスポーツセンター館長を務《つと》めていることを知り、その偶然《ぐうぜん》におどろいた。クロスカントリースキーの競技場《きょうぎじょう》は遠く、長野《ながの》のパラリンピックで佳浩《よしひろ》のレースを見ることはなかったものの、荒井監督《あらいかんとく》の名前は覚えていたという。

長野《ながの》パラリンピックが閉会《へいかい》し、しばらくたったころ、知紗子《ちさこ》はスレッジホッケーの大会を見にスウェーデンに旅した。現地《げんち》ではクロスカントリースキーが生活の一部になっており、休みにはみんなで楽しむ習慣《しゅうかん》がある。知紗子《ちさこ》も少し挑戦《ちょうせん》してみたが、まったくうまくできなかった。

「もっとクロスカントリースキーをやってみたい」

知紗子《ちさこ》は帰国して、長野《ながの》で知り合った荒井監督《あらいかんとく》にその思いを打ち明ける。

「じゃあ、日本代表の合宿があるんだけど来るかい？　あなたの家の近くに新田《にった》という選手が住んでいるから、迎《むか》えに行かせるよ」

それが、二人の初めての出会いだった。

二〇〇六年十一月に、日立ソリューションズに入社することができました。荒井監《あらいかん》督《とく》がぼくを受け入れてくれたのです。それまで勤《つと》めていたアディダスジャパンも、ぼくの将来《しょうらい》のことを心配してくれつつ、こころよく送り出してくれました。

入社と同時にバンクーバーパラリンピック（二〇一〇年）に向けての練習が本格的《ほんかくてき》にスタートしました。一日のすべての時間をトレーニングについやせるようになり、練習量が格段《かくだん》に増《ふ》えました。

年が明けて二〇〇七年、長い間、ともにがんばってきた仲間の小林《こばやし》深雪《みゆき》さんが引退《いんたい》することになりました。

彼女《かのじょ》が最終レースを終えた後にこう言ったのです。

「次は新田《にった》くんに任《まか》せたからね！」

金メダリストである小林《こばやし》さんから、パラリンピックの未来を託《たく》されたと感じ、このままではマズイと思いました。これまでのやり方で勝てなかったのだから、練習の内容《ないよう》を変える必要がある。毎年同じトレーニングでは年をとるにつれて、海外の若《わか》くてパワーのある選手に負けてしまうと思いました。

クロスカントリースキーでは、天気によってタイムが大きく変わります。雪がふかふかなときと、雨が降《ふ》った後のベチャッとした感じでは、すべりにちがいが出るのがわかりますよね。でも、どんなに雪の状態《じょうたい》が悪くても、選手ならこれぐらいのスピードで走らなければいけないというタイムがあります。

選手として最低ラインのタイムを安定させるために自分の体のつくりを考えると、すべるときの力強さが足りないとトレーニングのコーチに指摘《してき》されました。体をきたえる専門《せんもん》のコーチを呼《よ》ぶことになり、会社がコーチを探《さが》してくれました。そのお金まで出してくれるのは本当にありがたかったです。

体づくりとして筋《きん》トレを始めました。それまでは専門的《せんもんてき》に取り組んだことがなかったので、やればやるほど筋力《きんりょく》はついていきました。選手としては、目に見えて筋肉量《きんにくりょう》が増《ふ》えていくのはうれしいものです。ただ、筋肉《きんにく》だけつけて体を重くしすぎてもダメなので、どの程度《ていど》がいいのかコーチと調整しながらトレーニングを続けました。

苦しい練習をしているときは、祖父《そふ》の笑顔《えがお》がうかびました。ぼくをはげまし、大切に育ててくれた恩返《おんがえ》しがしたい。祖父《そふ》の笑顔《えがお》が見たいと思いました。

三月にトリノでパラリンピックが行われ、十一月に日立ソリューションズに入社した二〇〇六年は、環境《かんきょう》が落ち着かず、まったく練習が進んでいない状況《じょうきょう》でした。でも、やっと向かうべき方向が定まったのです。ここには、練習できる場所も時間も、練習法を聞けるコーチもいる。

残りの三年間、金メダルに向かって熱く、本気でスキーにぶつかるんだと心に決めました。

7　大切な人との時間で原点に返ろう

育ててくれた家族、新しい家族がパワーのもと

二〇〇八年八月八日、北京《ペキン》オリンピックの開会式の日に、知紗子《ちさこ》と結婚《けっこん》しました。知紗子《ちさこ》の向上心が強いところがいいなと思いました。ぼくとはちがう仕事だけれど、もっとできるんじゃないかという気持ちを常《つね》に持っている女性《じょせい》です。それから、ぼくをふくめて相手に配慮《はいりょ》して行動できるところも尊敬《そんけい》しています。

初めて会ったとき、知紗子《ちさこ》はぼくのことを、なんてダサイ男の人だろうと思ったそうです。髪《かみ》はぼさぼさで、服はジャージーでしたから。

でも、「クロスカントリースキーをしているとき、とてもかっこいいね」とも言ってくれました。

「わたしがこれまで見ていた世界はせまかったんだなぁ」

何度かクロスカントリースキーの練習に参加した後、知紗子《ちさこ》がつぶやきました。障《しょう》害者《がいしゃ》のクロスカントリースキーには目が見えない人や知的障害《しょうがい》など、さまざまな人がいることにおどろいたようです。知紗子《ちさこ》がボランティアでパラリンピックのホッケーを手伝《てつだ》っていたとき、ホッケーには身体に障害《しょうがい》がある人しかいませんでした。でも、確《たし》かにクロスカントリースキーは、障害《しょうがい》の種類がちがう人をまとめてチームを作っていかなければいけない難《むずか》しさがあります。

知紗子《ちさこ》はトリノのパラリンピックのときも応援《おうえん》に来てくれました。そのころから結《けっ》婚《こん》する気持ちはありましたが、トリノでは結果を出せなかったし、かといって「バンクーバーまであと四年待って」では長過《ながす》ぎますよね。二〇〇七年に二人で旅行に行ったとき、知紗子《ちさこ》にプロポーズしました。

その日は、知紗子《ちさこ》の三十歳《さい》の誕生日《たんじょうび》でした。

知紗子《ちさこ》といっしょにいる時間は楽しかったです。よくいっしょに自然のなかや川の近くなどを走りました。スポーツ選手ではない知紗子《ちさこ》が一生懸命《けんめい》走っている姿《すがた》を見ると、すてきだなあって思いました。いつもスポーツに対して気を張《は》っていた自分の心がほぐれて、スポーツが好きだという原点を思い出します。リフレッシュできる。そう、中学生のときに田んぼで妹とクロスカントリースキーをしたときのように……。

いちばん思い出に残っているのは、二〇〇九年の夏に沖縄《おきなわ》の竹富島《たけとみじま》に二人で遊びに行ったこと。トレーニングや試合では山にしか行かないので、そこで海のスポーツの魅力《みりょく》も知りました。ビーチにあるといわれる、星の形をした星砂《ほしずな》をいっしょに探《さが》したり、沖縄《おきなわ》そばを食べたりもしました。

雪がない場所が新鮮《しんせん》で、トレーニングでは味わえない時間でした。

心も体も、まるで二倍になったようで、家族が増《ふ》えるのっていいなと思いました。もちろん、食事面でも知紗子《ちさこ》にはサポートしてもらいました。選手生活を続けるうえで、結婚《けっこん》したことは大きかったです。

バンクーバーでパラリンピックが開催《かいさい》される前年は、すべての時間をトレーニングにつぎ込《こ》みました。実は、荒井監督《あらいかんとく》からこう言われたのです。

「これからパラリンピックまでの一年間は、やりたいことをやりなさい。お金や仕事の心配も一切しなくていい。ぼくが守るから、悔《く》いのないように、したい練習をすべてやりなさい」

うれしかったです。日立ソリューションズに入社するとき、荒井監督《あらいかんとく》の奥《おく》さんからも「この十年、いっしょにやってきてくれてありがとう。新田《にった》くんがいてくれて心強かった。これからも、よろしくお願いします」という手紙をもらっていました。

ぼくはいろいろな人に応援《おうえん》されている……という思いが強くなりました。

でも、悲しいこともありました。二〇〇九年十二月に、大好きな祖母《そぼ》が亡《な》くなってしまったのです。バンクーバーでパラリンピックが開催《かいさい》される三か月前のことでした。ノルウェーで練習していたとき、知紗子《ちさこ》から連絡《れんらく》を受けたのです。信じられませんでした。吐血《とけつ》して入院していたことも知らなかったから、ぼくのなかではいきなり亡《な》くなってしまったも同然です。

ちょうちょう結びやはさみの使い方、ごはんの食べ方……幼《おさな》いころからたくさんの知恵《ちえ》をさずけてくれた祖母《そぼ》。ぼくの切断《せつだん》された左手を杉《すぎ》の木の根元にうめ、「佳浩《よしひろ》がまっすぐ育つように」と願いを込《こ》めたという祖母《そぼ》。「佳浩《よしひろ》、やってみようね」と、いつもはげましてくれた祖母《そぼ》。

目を閉《と》じると、いくつもの思い出がよみがえってきました。練習どころではなくなってしまい、ただ雪の上に立ちつくすばかりでした。

年が明けて二〇一〇年一月、祖母《そぼ》が亡《な》くなって四十九日目を迎《むか》えました。パラリンピック開催《かいさい》の二か月前です。

その日、親族、親しかった人たちみんなで集まり、祖母《そぼ》が天国で幸せに暮《く》らせるように祈《いの》りました。祖父《そふ》ががっくりと肩《かた》を落としているのが目に入りました。何十年もともに人生を歩んできた人がいなくなったら、それはさびしいですよね。祖父《そふ》と祖母《そぼ》は、ああでもない、こうでもないと、しょっちゅう言い争いをしていました。でも、けんかや相手に文句《もんく》を言うことは、生きているからこそできることです。

実家の前で、祖母《そぼ》といっしょの新田《にった》選手

（新田《にった》家を元気にするために、メダルが必要だ）

ぼくは心のなかで、次こそ絶対《ぜったい》、祖父《そふ》のために金メダルをとると決意しました。

前回のトリノのパラリンピックでメダルがとれていれば、引退《いんたい》するつもりでした。でも、転んでメダルがとれなかったから、選手を続けようと思えたのです。

きっと神様が「まだスキーをがんばりなさい」って言ってくれているんだ、チャンスをもらったんだと、バンクーバーのパラリンピックを迎《むか》えるころは、そう思えるようになっていました。

パラリンピック本番一か月前、バンクーバーでためしにすべってみると調子がよく、直前に行われるプレ大会でもぼくが一位でした。心身ともに絶好調《ぜっこうちょう》だったと思います。武術《ぶじゅつ》では「心技体《しんぎたい》」を大切にという言葉があります。「心」は精神力《せいしんりょく》、「技《ぎ》」は技術《ぎじゅつ》、「体」は身体の発達や体力。

この時期は「心」が強かったと思います。知紗子《ちさこ》と結婚《けっこん》して、スポーツが好きという原点に返ったこと。実家に帰ると、家の近くに祖母《そぼ》が大切に育てた杉《すぎ》の木があること。そこには、ぼくの左手が眠《ねむ》っています。それを見ると、祖母《そぼ》のぼくへの愛情《あいじょう》を感じるのです。

育ててくれた家族と、新しい家族がぼくの〝パワーのもと〟。それによって技術《ぎじゅつ》も体力も自然についていったように思います。

実家近くの杉《すぎ》の木。この根元に、新田《にった》選手の左手がうめられている

8

〝自分のため〟だけでは、トップに立てない

バンクーバーで世界一になった瞬間《しゅんかん》

二〇一〇年三月十二日から二十一日の間、バンクーバーでパラリンピックが開催《かいさい》された。いよいよ勝負をかける10キロのクロスカントリースキーレース前夜、佳浩《よしひろ》は十二年の付き合いになる渡辺孝次《わたなべこうじ》コーチのもとを訪《おとず》れた。

「新田《にった》、前回のパラリンピックで転んだお前が、今回、金メダルをとったらドラマになるな」

渡辺《わたなべ》コーチは、じょうだんっぽく笑って言った。佳浩《よしひろ》も人なつっこい笑顔《えがお》で、でも、はっきりと返した。

「だいじょうぶです。とれます」

心のなかには絶対《ぜったい》にとれるという、ゆるぎない自信があったのだという。

ぼくは、日本選手団主将《せんしゅだんしゅしょう》に任命《にんめい》されていました。もちろん、メダルをとらなくてはいけないと強く思っていましたが、以前とはメダルに対する意識《いしき》が変わったのです。

きっかけは知紗子《ちさこ》からの手紙でした。

「レースの日に読んでね」

言われたとおり、レース当日に開くと、こう書いてありました。

《トリノのパラリンピックは苦しかったね。でも、この四年間、いろいろな人に支《ささ》えてもらった。よっちゃん、今日《きょう》は、今まで自分を支《ささ》えてくれた人へ感謝《かんしゃ》を伝えるためにすべればいいんじゃないかな》

忘《わす》れかけていた自分の思いに、その手紙で気づかせてもらいました。祖父《そふ》のために金メダルを目指す。でも、いちばん大切なことは、すべての力を出しきること。最高のすべりをすることが、自分を支《ささ》えてくれた人へ感謝《かんしゃ》を伝えることになると思いました し、結果もついてくるのではないかと感じました。

トリノのパラリンピックのときには、ぼくがメダルをとるために、まわりが動いてくれるのは当たり前でしょという気持ちが心のどこかにありました。おごっていたと思います。でも、トリノで転んで、メダルがとれなくて、新しい会社に入って、たくさんの人にサポートしてもらいました。ぼくを応援《おうえん》してくれる人たちのその後ろには、さらに家族がいます。

ぼくは、多くの人に支《ささ》えられているのです。迷《まよ》いや不安はすべてなくなり、目の前の雪のように真っ白な心で、スタート地点に立ちました。

スタートの合図！

どこまでも広がるバンクーバーの青空のもと、ぼくはすべり始めました。

進むんだ、前へ。速く、速く。

心のなかで何度も唱えました。ほかは何も考えられません。頭も心も雪のように真っ白いまま。

折り返し五キロの地点。

「新田《にった》、トップだ！　後ろとの秒差は三十秒！」

コーチの声が聞こえました。

「新田《にった》！　新田《にった》！」

平地でも上り坂でも、たくさんの応援《おうえん》してくれる声が聞こえました。

だれかがせまってくる気配はしませんでした。でも、最後まで気をぬかず、走りきることだけを考えていました。

ゴールまであと一キロ。

ぼくの頭に、これまで支《ささ》えてくれた人の笑顔《えがお》が次々にうかびました。

そしてゴールラインを越《こ》えた瞬間《しゅんかん》……、

「よくやった！」

日の丸を手にした荒井監督《あらいかんとく》が満面の笑《え》みでかけ寄《よ》ってきました。

「よっちゃん！」

知紗子《ちさこ》が大つぶの涙《なみだ》をこぼしていました。

「一人だけ別世界を走っているかのようなすべりだった。完璧《かんぺき》だったよ」

渡辺《わたなべ》コーチが顔をくしゃくしゃにして喜んでいました。

父親や母親が「YOSHIHIRO NITTA」と点滅《てんめつ》する電光掲示板《けいじばん》を見つめているのが目に入りました。


ぼくは〝やったー!〟というより、よかった、ようやくとれた、という感じでした。十六歳《さい》のときに金メダルを目指してから、十四年かかりました。

日本のチームとしても、クロスカントリースキーのチームとしても、メダルがとれていない状況《じょうきょう》だったからほっとした気持ちもありました。たしか、ぼくのレース前は銀と銅《どう》が二つぐらいしかなくて……。

ウクライナの選手と同じ宿舎《しゅくしゃ》だったのですが、向こうはすでに何十個《こ》もメダルをとっていて、金メダルをだれがとったか宿舎《しゅくしゃ》の廊下《ろうか》の壁《かべ》にはり出しているのです。

SAMSUNG
vancouver 2010
2

日本チームには、このまま金メダルがとれないで終わるんじゃないかという暗い雰《ふん》囲《い》気《き》がただよっていました。でも、ぼくが金メダルをとったことで、仲間たちのプレッシャーが軽くなって、雰《ふん》囲《い》気《き》も変わったようでした。

「新田《にった》さんが金メダルをとったから、ぼくたちもがんばらないと」

「高校のときから知っている、あの新田《にった》がついにとったか……」

レース直前だったアルペンスキーやホッケーの選手の士気が上がったと聞いて、よかったと思いました。

ぼく自身は、10キロのレースの翌々日《よくよくじつ》がリレーでした。でも、どうにも調子が上がりません。疲《つか》れがあるのかと思っていましたが、リレーの後にトレーナーに体の状態《じょうたい》をチェックしてもらうと「とてもいい状態《じょうたい》」だと言うのです。

「もう一個《こ》、メダルをねらえる位置にいるね」

自分自身もいけるかもしれないという思いもありましたが、金メダルまで手が届《とど》くかどうかはわかりませんでした。

1キロのレースが行われる朝、姉からメールが届《とど》いていました。

《佳浩《よしひろ》が金メダルをとったこと、おじいちゃんがとても喜んでいる。天国にいるおばあちゃんも、きっと近くにいて喜んでいるんだろうね》

祖父《そふ》とはレース後に国際《こくさい》電話で、

「よかったな」

「帰国したら金メダルをおじいちゃんの首にかけに行くからね」

という会話をしていましたが、姉のメールから本当に喜んでくれているのが伝わってきてうれしかったです。

姉からのメールを見て改めて、共働きの両親に代わって祖父《そふ》と祖母《そぼ》がぼくを一生懸《けん》命《めい》育ててくれたのだから、もう一個《こ》、金メダルをとりたいと思いました。今度は祖母《そぼ》のためのメダルです。

1キロの距離《きょり》で競うレースは距離《きょり》が短いから、ミスをすれば追いつけなくなります。予選、準決勝《じゅんけっしょう》、決勝と、一日に何本もレースをしなくてはいけないので、体力に余裕《よゆう》を持ってすべらないと、かんじんな決勝の勝負どころで力が出しきれません。

前半がぼくの得意な上りだったので、いかに前半のうちにほかの選手をはなすかが勝敗をわけます。スタートから飛ばしました。いつもならついてくるレベルの選手がついてきていない。

（これはいける！）

心のなかに強い確信《かくしん》がありました。

ゴールまで一気に駆《か》けぬけて、あっという間に一位！

ぼくは、パラリンピックで二つ目の金メダルを手にしました。

（よかった、これでおばあちゃんにもメダルがとれた）

ぼくは観客席にいる家族に目いっぱい手をふりました。

メダルセレモニーで日本国歌が流れ、日の丸の旗が頂点《ちょうてん》にはためいたとき、胸《むね》がいっぱいになりました。バンクーバーはオリンピック、パラリンピックを通じて、ぼくが初の金メダルだったのです。

最終的にバンクーバーパラリンピックで日本勢《にほんぜい》が獲得《かくとく》したメダルは、金メダル三個《こ》、銀メダル三個《こ》、銅《どう》メダル五個《こ》の計十一個《こ》でした。そのうち、金メダル二つと、銀メダル一つはクロスカントリースキーチームがもたらしたもの。ぼくだけの力ではなく、荒井監督《あらいかんとく》を中心としたチーム力でとったものだと思います。

9

応援《おうえん》される自分になろう

ソチでわかった、本当に強い選手とは

金メダルをとって家族や会社の人、みんなが喜んでくれました。それは、何よりうれしいことでした。

祖父《そふ》も「いつ死んでもいいと思っていたけど、もう一回、金メダルを首にかけてもらうために生きていかないといけないな」と言ってくれました。祖父《そふ》にとってぼくの金メダルが生きる目的の一つになったようで、だからもっとがんばらないといけないとは思っていました。

でも、そんな気持ちとは裏腹《うらはら》に練習はたいしてしていませんでした。大きな目標を達成したら、がんばろうと思う気持ちがなくなってしまったのです。パワーがわいてきません。

何もしなくても注目されるようになりました。新聞や雑誌《ざっし》、テレビの取材も多くて、街を歩いていても気づかれることがある。金メダリストとして講演会《こうえんかい》に呼《よ》ばれたり、イベントに招《まね》かれることも多くなりました。練習をがんばってもがんばらなくても、金メダリストであることはもう変わらないと、あぐらをかいていたのかもしれません。ちやほやされて甘《あま》えていたのかもしれません。

知紗子《ちさこ》は「よっちゃんが金メダルをとった後が、つらかった」とふり返る。

「よっちゃんは忙《いそが》しくなって、いつも家にいませんでした。わたしは子どもを妊娠《にんしん》中で、心細い気持ちで『金メダルなんていらなかった』と言ってしまったこともあります。本当は、バンクーバーの大会で引退《いんたい》してほしかったのです。でも、本人は『続けたい』と言う。じゃあソチまでにしてねって。そばにいてほしかったのです」

佳浩《よしひろ》が金メダルをとった年の暮《く》れに、知紗子《ちさこ》との間に長男が生まれた。

長男が生まれて半年ぐらいたったころ、ぼくの目の前で長男が寝返《ねがえ》りを打ちました。あおむけの状態《じょうたい》から、ぐるっと体を回転させてうつぶせになる。知紗子《ちさこ》が笑顔《えがお》でぼくを見ました。

「すごい、できたね！　寝《ね》ているときとおっぱいを飲んでいるとき以外、自分で動きたいとずっとずっと思ってきて、だから動けるようになったんだよね」

知紗子《ちさこ》の言葉に、そうか、と感動しました。ぼくにも、寝《ね》ているときとごはんを食べているとき以外、時間はたっぷりある。ぼくは、どう過《す》ごしているだろうか。息子《むすこ》のように進歩しているだろうか。何かをしたいと、強く願っているだろうか。

小学生のころはできないことが、できるようになるのがうれしかった。できるようになったら、どんな世界があるんだろうって、いつも好奇心《こうきしん》を持っていた。大人になると、どうしてそういう向上心が失われてしまうのだろう。

「こんなもんだろう。これが現実《げんじつ》だろう」と開き直り、できない言《い》い訳《わけ》が多くなる。なぜ新たな一歩を踏《ふ》み出す力がなくなってしまうのだろう。

子どもから前に進むエネルギーをもらいました。

ところが、また立ち止まってしまうつらい出来事がありました。二〇一二年十一月、祖父《そふ》が入院したと聞いたのです。風邪《かぜ》をこじらせて肺炎《はいえん》になりかけているといいます。合宿の予定でしたが、変更《へんこう》して実家で一週間ほど過《す》ごしました。その月はぼくの妹の結婚式《けっこんしき》がひかえていました。

「おじいちゃん、がんばって治さないといけないね」

ぼくは、祖父《そふ》に話しかけました。

「失敗したなあ」

祖父《そふ》がつぶやきました。

「何が失敗したの？」

「このままだと結婚式《けっこんしき》に行けん……」

ぼくは、悲しい気持ちをおさえて「そうだね、すぐに治らなかったら行けないかもしれないね」と答えました。

「あと、佳浩《よしひろ》にメダルをかけてもらえないかもしれないなあ……」

酸素《さんそ》マスクをつけた祖父《そふ》が、小さな声で言いました。

「何言ってるんだよ」と、ぼくは精《せい》いっぱい祖父《そふ》をはげましました。でも、それが祖《そ》父《ふ》との最後の会話になってしまったのです。

十一月十六日、父親から電話がかかってきました。祖父《そふ》の体調が急に変わって、亡《な》くなりそうだと言うのです。時刻《じこく》は午後五時。

急いで電車の時刻《じこく》を調べると、次の新幹線《しんかんせん》を逃《のが》したら、もう今日《きょう》じゅうには岡山《おかやま》に帰れないというぎりぎりの時間でした。駅のホームを走りぬけ、なんとか最終の新幹《しんかん》線《せん》に乗れました。でも、新幹線《しんかんせん》から在来線《ざいらいせん》に乗り換《か》えて、普通《ふつう》列車に乗っているときに、姉からぼくの携帯《けいたい》に電話があったのです。もうぼくの実家がある村はすぐそこにまで迫《せま》っていました。

「おじいちゃんが危《あぶ》ない。電話口からでいいから声をかけてあげて」

姉にたのまれて、携帯《けいたい》の電話口から祖父《そふ》に話しかけようとしたとき、列車はトンネルに入りました。電話が切れてしまいました。

トンネルをぬけると、祖父《そふ》は亡《な》くなっていました。九十四歳《さい》でした。

ぼくにとって大きな大きな存在《そんざい》だった祖父《そふ》……。涙《なみだ》が止まりませんでした。

大好きだった祖父《そふ》の死があって、再《ふたた》び練習にはまったく身が入らなくなりました。

「続けたい」と口にはしていたものの、何を目指せばいいのか、なんのためにクロスカントリースキーをやるのか、見えなくなってしまったのです。練習をさぼることさえありました。

バンクーバーのパラリンピックが終わってから、あっという間に三年が過《す》ぎてしまいました。

ソチのパラリンピックが行われる一年前、知紗子《ちさこ》のおなかのなかには二人目の赤ちゃんがいました。

ある日、長男を寝《ね》かしつけた後、知紗子《ちさこ》が険《けわ》しい顔でぼくに言いました。

「これで全力を出しきったと言えるの？　やる気がないなら、もうスキーをやめて」

「続けたいけれど……」

「言《い》い訳《わけ》なんか聞きたくない。育児は全部わたしがやる。だから、ソチのパラリンピックが終わった後に『あれをやっていない』と後悔《こうかい》しないで。お金はいくらかかってもいいから。続けるなら、ここから一年は全力でやって」

バンクーバーのときのように、自分の力を出しきってほしい……知紗子《ちさこ》の気持ちが痛《いた》いほど伝わってきました。


二〇一四年三月七日から十六日まで、ソチでパラリンピックが開催《かいさい》されました。出発前、長男が「パパがいなくなっちゃう」と、涙《なみだ》を流しながらぼくに抱《だ》きついてきました。これまでのパラリンピック出場のときとはちがいます。子どもたちがぼくをた

長男と次男を抱《だ》きしめる新田《にった》選手

より、ぼくのスキーを確《たし》かに見つめている。エネルギーをもらうと同時に、言《い》い訳《わけ》をしたくなるようなレースはしたくないと気をひきしめました。

知紗子《ちさこ》に言われてからの一年間、練習をがんばったと思います。ただ、それ以前はやる気が出ませんでした。だから練習量は足りていなかったのかもしれません。でも、結果はどうあれ、死ぬ気でがんばろうと決めました。

ソチで自分のベストを出しきれると考えていたのは、20キロの種目です。ただ目指しても、メダルをとることは難《むずか》しい。三十代になれば、やはり若《わか》い選手に比《くら》べると体力で差がついてしまうので、工夫をしたところがあります。

まず、バンクーバーのときとすべり方を変えました。しっかりスキー板を踏《ふ》み込《こ》んで大きく滑走《かっそう》する方法から、足をすばやく動かすピッチ走法に変えたのです。

次に、後半にペースが落ちることが多かったので、前半にリードをつくり、後半は粘《ねば》りきる作戦です。

ロシアの選手が強く、厳《きび》しい戦いになると考えていました。前年のワールドカップの成績《せいせき》を考えると、10キロのレースで優勝《ゆうしょう》選手とぼくは二分近くのタイム差がありました。自分が一分タイムを縮《ちぢ》めて、さらに相手が一分タイムを落とすという状況《じょうきょう》にならないと、タイム差がなくならないのです。

なんとか三位以内に入りたかったです。でも、八キロの地点で四位となり、リードが広げられていきました。

「くやしい……」

予想より二分近く速くすべりきったのに、四位の結果。ゴール後はたおれこんで、しばらく立ち上がれませんでした。

限《かぎ》られた時間のなかで、やるべきことは全部やったと思うけれど、想像《そうぞう》以上に三位の選手とはなされてしまいました。レースが終わってから、メダルがほしいと強く思いました。まだもう少しできたんじゃないか、という後悔《こうかい》が消えません。

でも一方で、いつかは負けるんだということも思い知りました。スポーツ選手であれば、いつかは若《わか》い選手にぬかされていく。だれでもいつかは負けるのです。メダルがとれなくなってきたら、引退《いんたい》するべきなのでしょうか。それでもスキーを続ける理由はあるのでしょうか。

ソチのパラリンピックでは、たくさんの人が支《ささ》えてくれ、自分が気づかないところでも多くの人が応援《おうえん》してくれました。出発する前、長男が通う保育園《ほいくえん》で壮行会《そうこうかい》を開いてくれたのです。

「よっちゃんパパ、がんばれー」

保育園《ほいくえん》じゅうの子どもたちが応援《おうえん》してくれました。

知紗子《ちさこ》は子どもたちが幼《おさな》かったから日本で応援《おうえん》してくれていたけれど、あるテレビ局の人が「奥《おく》さんが応援《おうえん》しているところを、テレビでとりたい」と言ったそうです。

レース日は、親戚《しんせき》じゅう集まってくれて……。

それなのに、結果はほこれるものではありませんでした。

知紗子《ちさこ》は泣いたそうですが、まわりの人は「がんばったね」と温かい言葉をかけてくれたと聞きました。ぼくが帰国すると、だれもが「本当にお疲《つか》れさま」と言ってくれる。長男から手作りの金メダルももらい、目に涙《なみだ》がにじみました。

弱いぼくでも、応援《おうえん》し、はげましてくれる人がいるのです。

以前、金メダルをとったある水泳選手が話した言葉を思い出しました。

「弱い自分を見放さないで、この舞台《ぶたい》にひっぱってくれたコーチに感謝《かんしゃ》しています」

自分が弱くなっていることを認《みと》める選手と、それでもこの選手をなんとか勝たせたいと願うコーチ。

ぼくも、体力的に弱くなっていく自分を受け入れたい。それは、メダルをあきらめることとはちがう。メダルは目指すけれども、メダルをとることだけがアスリートとして本当に強いことではないと思うのです。たとえスキー選手としては弱くなっても、ぼくを見て、やっぱり新田《にった》を応援《おうえん》したいと思ってもらえる選手になりたい。そのためにスキーの技術《ぎじゅつ》と、自分自身をみがき続けたい。

ソチのパラリンピックから二年たったころ、ぼくはそう思うようになりました。

10　ゴールは決めるな、さあ前へ

ピョンチャンの先にあるもの

ぼくのあこがれだったトーマス・エルスナー選手は、バンクーバーのパラリンピックが終わった後に引退《いんたい》しました。

（一つの時代が終わった……ぼくももうすぐかもしれない）

あのとき、そんなふうに思いました。

これまでぼくは、長野《ながの》、ソルトレークシティ、トリノ、バンクーバー、ソチの五回のパラリンピックを経験《けいけん》しました。三十代半ばになると、スポーツ選手なら一度は引退《いんたい》を考えると思います。

実は、ぼくには長年のライバルがいるのです。フィンランドのイルカというぼくより三つ年下の選手で、同じ競技《きょうぎ》で勝ったり負けたりと競いながらともに成長してきました。

トリノのパラリンピックでは、イルカ選手が四位のときに、ぼくは五位。バンクーバーでは、ぼくが一位のときに、イルカ選手は三位。ソチはイルカ選手が二位で、ぼくが四位でした。ライバルがいることが、ぼくのあこがれだったトーマス・エルスナー選手とちがうところ。彼《かれ》は孤独《こどく》でした。競い合えるライバルがいるのは、はげみになります。

「ソチが終わったら、続けるかどうかわからない」

そう言うイルカ選手に対して、ぼくは「ピョンチャンに挑戦《ちょうせん》するからね！」と宣言《せんげん》しました。その後、イルカ選手は何も言わないけれど、今のところまだ現役《げんえき》として競《きょう》技《ぎ》を続けています。

二〇一八年に韓国《かんこく》で開かれるピョンチャンパラリンピックに出場するとなれば、ぼくら二人にとってメダルをとれるかどうかの最後の挑戦《ちょうせん》となるでしょう。

パラリンピックの選手は、メダルをとることにこだわっています。仕事でも勉強でも、多くの人が結果を求めていて、スポーツ選手であればメダルをとることが、結果を出したということです。結果にこだわるのは、すごく大事なこと。

ぼくもメダルがほしい。日の丸をつけて日本代表として戦うということ、スポンサーに合宿などの費用を出してもらっているという自覚を持てば、当然の気持ちです。特にパラリンピックの場合、応援《おうえん》する側が「手がない、足がない。だから応援《おうえん》してあげたい」と、「障害《しょうがい》があり、かわいそう」な視点《してん》になってしまいがち。そうではなくて、アスリートとして見てもらうには、選手側も覚悟《かくご》が必要なのです。

負ける可能性《かのうせい》がある高い壁《かべ》が目の前にあったとしても、「絶対《ぜったい》に勝つ！」という強い気持ちで勝負していく。そして壁《かべ》が突破《とっぱ》できて、メダルがとれたら最高の気分になります！　でも、もしかなわなくても、スポーツ選手としてプライドを持った戦いをすれば、見る人は、障害《しょうがい》があるのにすごいなんて思わないはずです。

最後まであきらめない。投げ出さない。自分の最高記録を超《こ》えていくような戦い。どんな状態《じょうたい》でも前に進もうとする気持ちが、自分をみがき続けることにもなると思います。

バンクーバーのパラリンピックまでは、祖父《そふ》の首に金メダルをかけてあげたくてスキーを続けてきました。ソチ、そして次のパラリンピックは、ぼくの後ろにいる後輩《こうはい》たち、子どもたちに、厳《きび》しい戦いでも結果にこだわるぼくの背中《せなか》を見てほしくて、レースを続けています。

ぼくには、もうすぐ小学生になる長男と、保育園《ほいくえん》に通う次男がいます。二〇一六年に開催《かいさい》されたリオデジャネイロオリンピック・パラリンピックの期間中、長男はテレビにくぎづけでした。日本選手が金メダルをとるたびに目をかがやかせるのです。

「ぼく、体操《たいそう》選手になる！」

選手になるためなら厳《きび》しい練習にもたえられると、胸《むね》を張《は》って言います。

でもある日、ぼくが長男とかけっこで競争しようとしたとき、長男が不満げにつぶやきました。

「大人には勝てっこない……」

ぼくは、かつて父親が幼《おさな》かったぼくにしてくれたように、長男の小さなひとみをまっすぐ見つめて言いました。

「自分が当たり前に勝てる勝負をしておもしろいか？　最初はおもしろくても、きっとつまらなくなってくるよ。今、かけっこをする相手はお父さんだけど、本当は、弱い自分と強い自分が戦っているんだ。お父さんじゃない。自分と戦うんだよ。弱い自分に勝つためには、強い人と戦わなきゃいけない。最後まであきらめずに勝負できたとき、体操《たいそう》選手になっているかもしれないね。一つのことをあきらめずに続けると、夢《ゆめ》をかなえる力になる」

長男は笑顔《えがお》でうなずきました。

がんばったことは、決してムダにはなりません。しかし、どんなに練習しても、どんなにがんばっても、結果が出ないときもあります。

ぼくは、がんばった後には、メダルと同じくらい大切な宝物《たからもの》が二つ手にできると思うのです。

一つは〝仲間〟。結果が出ないときにもぼくを支《ささ》えてくれる、いっしょにやりたいと言ってくれる仲間に出会え、きずなが深まること。同じチームの仲間はもちろん、イルカ選手のようなライバルもそうです。チームには、監督《かんとく》やコーチだけでなく、スキー板にワックスをぬってくれる人や、トレーナーのように選手の体を支《ささ》える人など、さまざまな人がいます。スキーを続けるうえで、知紗子《ちさこ》も大切な仲間。「いつもよっちゃんといっしょに戦っている気持ち」と言います。

ふり返れば、ぼくの体の土台をつくってくれたスポーツ少年団《しょうねんだん》のコーチや小中学校や高校、大学で指導《しどう》してくれた先生、初めての合宿で知り合い、世界の舞台《ぶたい》で戦えるとはげましてくれた横山久美子《よこやまくみこ》＆寿美子《すみこ》選手、「あとは新田《にった》くんに任《まか》せたから！」と、ぼくにパラリンピックのスキー日本代表というたすきをつないでくれた小林深雪《こばやしみゆき》さん、パラリンピックが行われるたびに応援《おうえん》してくれる友人……みんなスキーを中心とした仲間だと思います。

人と人との出会いは不思議ですね。なぜかそのときの自分にぴったりな人と、またとないタイミングで出会えるときがある。ずっとスキーを続けてきて、たくさんの仲間と出会えたこと、笑い、泣き、おこり、悲しんだこと、大切な宝物《たからもの》だと思います。

もう一つの宝物《たからもの》は、〝前進する自分〟だと思います。

自分でここまでという目標を決めてしまうと、そこに到達《とうたつ》したときにその先の目標がわからなくなってしまいます。ぼくがバンクーバーで金メダルをとったときのように……。次のパラリンピックでメダルがとれるかもしれないし、とれないかもしれません。メダルをとることを目標にするけれど、ゴールを作らないのです。

スポーツ選手の若手《わかて》はどんどん成長し、先輩《せんぱい》を追いぬいていってほしい。ぼくが四十歳《さい》になっても五十歳《さい》になってもメダルをとれるようでは、逆《ぎゃく》に日本のスポーツ界が心配になります。

ぼくは、ピョンチャンのパラリンピックが終わったらスキーをやめるのか?

それはわかりません。日々前に進んでいき、ピョンチャンの試合にたどり着くことができたときに見える景色《けしき》は想像《そうぞう》できないし、想像《そうぞう》どおりではつまらない。メダルをとることができて、さらに四年後を目指すかもしれない。反対に、限界《げんかい》までがんばったという気持ちで「ありがとう」と、選手としてのユニフォームをぬぐかもしれない。

たとえ引退《いんたい》したとしても、スポーツにはさまざまな関わり方があります。コーチとして、スキー板にワックスをぬる人として選手を支《ささ》える、または、長野《ながの》のパラリンピックで知紗子《ちさこ》がしたようにボランティアとしてサポートするかたちでもいい。ぼくは、何かのかたちでずっとスキーを続けていくと思います。

大切なのは、何があってもどんな状態《じょうたい》になっても、前進し続けること。勝負に勝っても負けてもムダなことはないと、子どもたちに感じてほしい。トリノのパラリンピックで転んだことが、バンクーバーの金メダルに結びついたように、ソチでメダルがとれなかったことにも、きっと意味があるのでしょう。ふり返ればくやしさも悲しさも、大切な人とのけんかも、すべてつながってきたことです。

だから、年をとって体力が低下したり、人より恵《めぐ》まれない環境《かんきょう》にあったりしても、ゴールを決めずに自分の限界《げんかい》までチャレンジし続けたい。そんなぼくのスキーから前に進む元気を得てくれたらうれしいです。

もちろん、全力で走っていたら苦しくなるときがきます。歩きたくなるでしょう。一歩踏《ふ》み出すことさえ苦しいときもあるかもしれません。でも、そのときに、もう少しできるのではないか、または小学生のころのぼくのように、ちがうやり方があるのではないかと自分をはげます。立ち止まりたい、やめたい、不可能《ふかのう》だという苦しさを乗り越《こ》えたとき、きっとそれまでにない〝新しい自分〟との出会いがあるのです。

最近、父親が笑いながら、ぼくにこう言ってくれました。

「近所の人が『今の佳浩《よしひろ》の笑顔《えがお》がいい』って話していた。たくさんのことを乗り越《こ》えてきたから、その達成感というのが今の笑顔《えがお》に出ているのかもしれないな。佳浩《よしひろ》には苦しいことも悲しいことも乗り越《こ》えられる力がある。負けたな、ぬかされたなと思うよ」

これから先も、まだまだいいことも悪いこともあるでしょう。生きていくというのは、山あり谷ありです。クロスカントリースキーの舞台《ぶたい》と似《に》ています。

ぼくはすべてを受け入れ、ゴールを決めず、一歩一歩前に進んでいきたい。それが今のぼくが目指す〝人生の金メダル〟なのかもしれません。

新田《にった》佳浩《よしひろ》 年表

年	年齢《ねんれい》	出来事
1980	0歳《さい》	6月8日、岡山《おかやま》県英田《あいだ》郡西粟倉《にしあわくら》村に生まれる
1983	3歳	事故《じこ》で左手を失う
1984	4歳	スキーを始める
1989	9歳	クロスカントリースキーを始める
1990	10歳	スポーツ少年団《しょうねんだん》入団《にゅうだん》
1994	14歳	クロスカントリースキーで全国中学校スキー大会に出場
1996	16歳	岡山《おかやま》県立林野《はやしの》高等学校入学。荒井《あらい》監督《かんとく》と出会う
1998	18歳	3月、長野《ながの》パラリンピック出場
1999	19歳	3月、岡山《おかやま》県立林野《はやしの》高等学校卒業
		4月、筑波《つくば》大学体育専門学校群《せんもんがっこうぐん》入学

年齢《ねんれい》は、満年齢《まんねんれい》で表してあります。

2002	22歳	3月、ソルトレークシティパラリンピック出場。クロスカントリースキー5キロ・銅《どう》メダル
2003	23歳	筑波《つくば》大学体育専門学校群《せんもんがっこうぐん》卒業 アディダスジャパン入社
2006	26歳	3月、トリノパラリンピック出場。クロスカントリースキー20キロ・5位ほか 11月、日立*ソリューションズ入社
2008	28歳	8月、知紗子《ちさこ》と結婚《けっこん》
2009	29歳	12月、祖母《そぼ》が亡《な》くなる
2010	30歳	3月、バンクーバーパラリンピック出場。クロスカントリースキー10キロ・金メダル、クロスカントリースキー1キロ・金メダルほか
2012	32歳	11月、祖父《そふ》が亡《な》くなる
2014	34歳	3月、ソチパラリンピック出場。クロスカントリースキー20キロ・4位
2018	38歳	ピョンチャンパラリンピック開催《かいさい》予定

＊入社時の社名は「日立システムアンドサービス」
（2010年10月より「日立ソリューションズ」）

著者／笹井恵里子（ささい　えりこ）

1978年生まれ。現在は、週刊誌「サンデー毎日」（毎日新聞出版）の業務委託記者。過去の著書に、強迫性障害の実情をまとめた『強迫 くもりのち晴れ ときどき雨』（長崎出版、現在は絶版）がある。
メールアドレス：nassi@kc5.so-net.ne.jp

装　　丁／DOMDOM
写真提供／共同通信社
　　　　　日立ソリューションズ

ノンフィクション　知られざる世界

不可能《ふかのう》とは、可能性《かのうせい》だ

パラリンピック金メダリスト新田佳浩《にったよしひろ》の挑戦《ちょうせん》

笹井恵里子／著

初版発行　2016年11月

第3刷発行　2017年６月

発行所　株式会社　金の星社

〒111-0056　東京都台東区小島1-4-3

TEL 03(3861)1861（代表）　FAX 03(3861)1507

http://www.kinnohoshi.co.jp

振替　00100-0-64678

印刷・製本　図書印刷株式会社

126 p　21.6cm　NDC916　ISBN978-4-323-06093-4

乱丁落丁本は、ご面倒ですが小社販売部宛にご送付ください。
送料小社負担にてお取替えいたします。

事実はすごい

大きな文字で、一気に読める！写真と絵で、事実に迫る！
感動体験フルスピードの新感覚ノンフィクションシリーズ。
● A5判　ハードカバー ●

アイスマン 5000年前からきた男　D・ゲッツ／著　赤澤 威／訳

最後のトキ ニッポニア・ニッポン トキ保護にかけた人びとの記録　国松俊英／著

シマが基地になった日 沖縄伊江島二度めの戦争　真鍋和子／著

大望遠鏡「すばる」誕生物語 星空にかけた夢　小平桂一／著

ドッグ・シェルター 犬と少年たちの再出航　今西乃子／著　浜田一男／写真

インフルエンザ感染爆発 見えざる敵＝ウイルスに挑む　D・ゲッツ／著　西村秀一／訳

救助犬ベア 9.11ニューヨーク グラウンド・ゼロの記憶　S・シールズ ＆ N・M・ウェスト／著　吉井知代子／訳

犬たちがくれた音 聴導犬誕生物語　高橋うらら／著　MAYUMI／写真

奇跡のプレイボール 元兵士たちの日米野球　大社 充／著

犬たちをおくる日 この命、灰になるために生まれてきたんじゃない　今西乃子／著　浜田一男／写真

車いすバスケで夢を駆けろ 元Jリーガー京谷和幸の挑戦　京谷和幸／著

心のおくりびと 東日本大震災 復元納棺師 思い出が動きだす日　今西乃子／著　浜田一男／写真

命を救われた捨て犬 夢之丞 災害救助 泥まみれの一歩　今西乃子／著　浜田一男／写真

光を失って心が見えた 全盲先生のメッセージ　新井淑則／著

よみがえれアイボ ロボット犬の命をつなげ　今西乃子／著　浜田一男／写真

捨て犬たちとめざす明日　今西乃子／著　浜田一男／写真

不可能とは、可能性だ パラリンピック金メダリスト新田佳浩の挑戦　笹井恵里子／著